Duden

Stilsicher schreiben

PRAXIS

Duden

Stilsicher schreiben

Von Antje Kelle
in Zusammenarbeit
mit der Dudenredaktion

Dudenverlag
Mannheim · Zürich

Die **Duden-Sprachberatung** beantwortet Ihre Fragen
zu Rechtschreibung, Zeichensetzung, Grammatik u. Ä.
montags bis freitags zwischen 08:00 und 18:00 Uhr.
Aus Deutschland: 09001 870098 (1,86 € pro Minute aus dem Festnetz)
Aus Österreich: 0900 844144 (1,80 € pro Minute aus dem Festnetz)
Aus der Schweiz: 0900 383360 (3,13 CHF pro Minute aus dem Festnetz)
Die Tarife für Anrufe aus den Mobilfunknetzen können davon abweichen.
Unter www.duden-suche.de können Sie mit einem Online-Abo
auch per Internet in ausgewählten Dudenwerken nachschlagen.
Den kostenlosen Newsletter der Duden-Sprachberatung können Sie
unter www.duden.de/newsletter abonnieren.

Bibliografische Information der Deutschen Nationalbibliothek
Die Deutsche Nationalbibliothek verzeichnet diese Publikation in der Deutschen Nationalbibliografie; detaillierte bibliografische Daten sind im Internet über http://dnb.ddb.de abrufbar.

Redaktionelle Leitung: Dr. Kathrin Kunkel-Razum
Herstellung: Monika Schoch

Typografie: Horst Bachmann
Umschlaggestaltung: Jürgen Sauerhöfer
Umschlagabbildung: Pitopia: Füllfederhalter Getty Images/Digital Vision/
Flying Colours Ltd: Businessman
Satz: Bibliographisches Institut GmbH
Druck und Bindung: Heenemann GmbH & Co., Berlin
Printed in Germany

ISBN 978-3-411-74461-9
www.duden.de

Inhalt

Inhalt

Schreibsituation – der Fall, den jeder kennt

Wer kennt sie nicht, die Situation: Da sitzt man am Schreibtisch, vor sich ein leeres Blatt oder ein leerer Bildschirm, und man weiß, am nächsten Morgen soll ein gut formulierter Text aus unserer Hand einen ganz bestimmten Empfänger erreichen. Am Telefon ließe sich alles so unkompliziert mitteilen. Aber dieses Mal muss es wieder ein Stück Papier sein (beispielsweise eine Tischvorlage für die Abteilungsleiterbesprechung oder ein Brief an den Vermieter).
Wie gut, dass wir im Laufe der Zeit immer mehr Übung bekommen und bei jedem Text, den wir schreiben, sicherer werden. Wer diesen Prozess fördern und seine Schreibkompetenz verbessern möchte, findet in diesem Buch zahlreiche Anregungen, um **stilsicher zu schreiben.**

Schriftsprache – Qualität und Klarheit

Das gesprochene Wort entspringt dem Augenblick. Wer spricht, wird wohl kaum dabei überlegen, welches Wort er gleich wählen wird. Wir lassen unserem Sprachfluss freien Lauf und sprechen »drauflos«. Und was in der spontanen Formulierung unklar bleibt, verdeutlichen wir durch Betonung, Pausen, Lautstärke und Klangfarbe, und ohne es zu merken, unterstreichen wir das Gemeinte durch Mimik und Gestik. Unsere Sätze verschwinden mit dem Klang der Stimme, und an der Reaktion der Zuhörer können wir erkennen, ob wir verstanden worden sind.
Anders ist dies beim geschriebenen Wort: Es ist von Dauer. Wenn unsere Gedanken zum berühmten »schwarz auf weiß« geworden sind, gibt es nichts mehr zu verdeutlichen. Der spätere Leser sieht nur, was er sieht. Was nicht dasteht, existiert für ihn nicht. Rückfragen sind (meist) unmöglich, Reaktionen erreichen uns (meist) nicht, wenn sich der Text verselbstständigt hat. Dies verpflichtet zur Qualität.
Schriftsprache ist Sprache, die diesem Anspruch genügt. Was wir zu sagen haben, soll inhaltlich eindeutig und sprachlich angemessen das Papier erreichen.

Schriftsprache ist also eine klare Sprache, nicht mehr, aber auch nicht weniger. Keiner erwartet von uns stilistische Kunststückchen; die überlassen wir getrost den Profis. Die Schreibsituation erfordert von uns lediglich, dass wir unmissverständlich formulieren. Dabei kann es von Nutzen sein, sich am Mündlichen zu orientieren, indem wir seine Natürlichkeit und Frische einfließen lassen, seine Nachlässigkeiten jedoch vermeiden.

Qualitätsmerkmal: Verständlichkeit ohne Nachfrage

Dass hiermit aber das gesprochene Wort nicht generell abgewertet werden soll, sei an einem kleinen Beispiel gezeigt: **Liest** man das Satzfragment *Heute so und morgen so*, wird man sich irritiert fragen, was es denn wohl bedeutet. **Hört** man es dagegen mit bewusster Akzentuierung, so wird klar, was hier in prägnanter Schärfe auf den Punkt gebracht ist: Bei der Betonung *Héute so und mórgen so* wird eindeutig auf den Tatbestand der Konsequenz hingewiesen. Bei der Betonung *Heute só und morgen só* geht es ebenso eindeutig um den Tatbestand der Inkonsequenz.

Es bedarf vieler Gedanken, um einen festzuhalten. (Lec)

Übrigens: In frühhistorischer Zeit hatte die Schriftsprache noch in einem anderen Sinn mit Qualität zu tun: Als man begann, Hörbares in Sichtbares umzusetzen, erforderte es manches Können, die Symbole für die einzelnen Laute in festes Material zu ritzen, zu kerben oder einzudrücken und damit dauerhaft verfügbar zu machen, z. B.

Die Grenzen meiner Sprache bedeuten die Grenzen meiner Welt. (Wittgenstein)

altgermanische Runen:	n b s	
ägyptische Hieroglyphen:	n b s	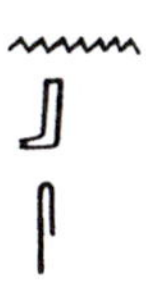
sumerische Keilschrift:	n b s	

Sprache ist Umschaffen der Welt in das Eigentum des Geistes. (Humboldt)

Schreibziel – den Leser erreichen

Beim Schreiben schicken wir unsere Gedanken zum Leser. Sie kommen bei ihm unversehrt an, wenn er die Sprachzeichen in die konkreten und abstrakten Gegenstände zurückverwandeln kann, die wir mit ihnen gemeint haben.

Dies sei am Kommunikationsmodell veranschaulicht:

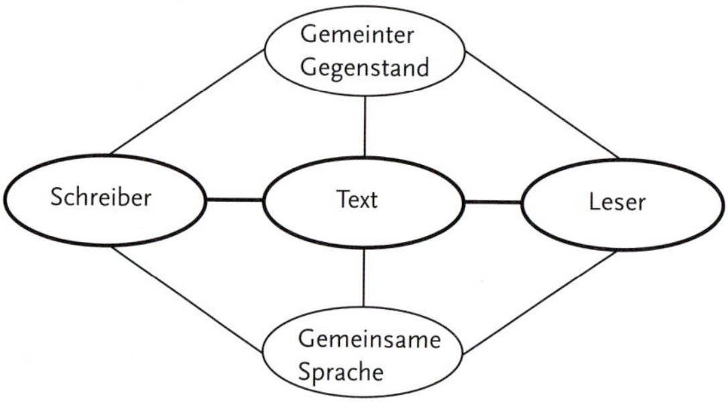

Wir müssen beim Schreiben eines Textes also mehrere Bedingungen erfüllen:

1) Der Text muss genau das ausdrücken, was wir meinen. Wir müssen uns mit ihm identifizieren können.
2) Der Text muss zu der Sache passen, über die wir uns äußern. Er muss also sachgerecht sein.
3) Der Text muss den Leser erreichen. Der Empfänger muss ihn verstehen können.

Auch wenn die beiden ersten Bedingungen nicht unwichtig sind, so kommt doch in unserem normalen Schreiballtag der **Leserorientierung** die größte Bedeutung zu; denn wenn der Leser einfach aufhört zu lesen, weil er mit dem Text nichts anfangen kann, dann nützt es wenig, wenn wir den Gegenstand noch so treffend dargestellt haben und uns noch so sehr in ihm wiederfinden.
Unser besonderes Augenmerk hat also der Person zu gelten, an die der Text gerichtet ist: Der Adressat ist der stumme »Gesprächspartner«, für den wir Zeile für Zeile formulieren.
Wenn man den Leser kennt, dürfte es nicht schwierig sein, sich auf ihn einzustellen und darauf zu vertrauen, dass

man intuitiv die richtigen Worte findet. Oft aber ist uns der Empfänger unbekannt. Da bleibt nur eines: uns unseren potenziellen Leser vorzustellen und folgende Fragen vorab zu beantworten:

1) **Wie stehen wir gesellschaftlich zueinander?**
Muss ich ungeschriebene Kommunikationsregeln einhalten, weil die Rollenverteilung dies erfordert?

2) **In welcher Lage befindet er sich?**
Muss ich seine Befindlichkeit berücksichtigen, bevor ich zur Sache komme?

3) **Welches Interesse kann ich voraussetzen?**
Muss ich den Text so attraktiv gestalten, dass seine Motivation steigt?

4) **Welche Erwartungen hat er an meinen Text?**
Muss ich mich an bestimmte Textmuster halten, die sprachliche Konventionen vorgeben?

5) **Welches Wissen hat er über die Sache, um die es geht?**
Muss ich Fachausdrücke erklären, damit ich verstanden werde?

6) **Über welche Sprachkompetenz verfügt er?**
Muss ich abstrakte Formulierungen meiden und einen schlichten Satzbau wählen, wenn ich Zusammenhänge darlege?

Natürlich wird solche Einschätzung eines unbekannten Empfängers nur zu Vermutungen führen; aber wir tun gut daran, uns auf unsere Lebenserfahrung und unser gesundes Sprachgefühl zu verlassen, das uns bisher geleitet hat.

Nur was ankommt, zählt.

Ein verständlicher Text ist also ein Text, der gute Chancen hat, den Leser zu erreichen.

Sorgfalt statt Eingebung

Wie das vorige Kapitel gezeigt hat, ist Verständlichkeit keine absolute Größe. Was für den einen mühelos zu verstehen ist, kann für den anderen schwer zugänglich sein. Und was folgt daraus für den Schreiber? Auf eine knappe

Formel gebracht: Der Text muss »sitzen«. **Wortwahl und Satzbau** müssen stimmig sein. Im Einzelnen heißt dies:

Jedes Wort muss so gewählt sein,
- dass es genau das bezeichnet, was wir meinen,
- dass es der Sache gerecht wird, über die wir schreiben, und
- dass sich der Leser etwas darunter vorstellen kann.

Wort- und Satzkomposition müssen so angeordnet sein,
- dass sie unsere Gedanken widerspiegeln,
- dass sich Inhalt und Form entsprechen und
- dass der Leser ihnen logisch folgen kann.

Dies sieht nach Arbeit aus. Und ein bisschen Arbeit ist es auch; denn ohne Einsatz ist guter Stil nun einmal nicht zu haben. Wer kein Sprachgenie ist, muss die Sache selbst in die Hand nehmen, sorgfältig, kontrolliert und systematisch. Dabei hilft uns die Tatsache, dass sich beim Schreiben **Distanz** einstellt (vgl. Seite 8). Wenn unsere Gedanken als Wörter und Sätze auf dem Papier oder auf dem Bildschirm sichtbare Gestalt angenommen haben, werden sie zum Gegenüber und uns sogar ein wenig fremd.
Dies ist der Beginn des guten Stils. Der Abstand zwischen uns und dem Text gibt uns nämlich die Möglichkeit, das Geschriebene kritisch zu prüfen und gegebenenfalls zu korrigieren. Dies ist ein bewusster Vorgang, auch wenn – gleichsam hinter unserem eigenen Rücken – unser intuitives Sprachgefühl sicherlich ein Wörtchen mitzureden hat. Gutes Deutsch ist also bewusstes Deutsch. Das heißt, dass wir uns selten mit der erstbesten Formulierung begnügen, sondern uns bei zentralen Passagen die Zeit nehmen, alternative Wörter auszuprobieren und wichtige Sätze uns selbst einmal laut vorlesen. Wie ein Bildhauer sein Material bearbeitet, so sollten wir unseren Text bearbeiten und so lange feilen, bis wir zufrieden sind.
Von Zeit zu Zeit gibt es jedoch Schreibanlässe, die einen etwas aufwendigeren Einsatz erfordern. Dies ist der Fall,

Den Stil verbessern – das heißt den Gedanken verbessern, und gar nichts weiter! (Nietzsche)

wenn wir komplexere Zusammenhänge darzulegen haben, beispielsweise in einem Planungspapier über die sozialen Aktivitäten des kommenden Jahres oder in einem Organisationspapier für ein Betriebsfest. Hier bietet sich folgende Vorgehensweise an:
1. Ideen sammeln
2. Ideen ordnen
3. Ideen ausformulieren
Für die erste Phase stehen uns unterschiedliche Arbeitsmöglichkeiten zur Verfügung:

- zum einen der gute alte Schmierzettel, der als Stichwortzettel geduldig festhält, was uns beim Brainstorming spontan einfällt,
- zum anderen das elektronische oder handschriftliche Mindmap-Verfahren, das unseren Assoziationsstrom schon ein wenig lenkt.

Für beide Methoden gilt: Falls unsere Einfälle einmal auf sich warten lassen, locken wir sie mit den bekannten W-Fragen hervor: **Wer? Was? Wann? Wo? Warum? Wozu? Wie?**
Nach dieser Sammlungsphase ist die Strukturierungsphase an der Reihe: Unsere Ideen sind zu prüfen, zu ordnen und in die passende Reihenfolge zu bringen. Da wird manches gestrichen, manches ergänzt und manches wird zum Oberbegriff, der einzelne Aspekte zusammenfasst, beispielsweise so:

Betriebsfest

1.	Teilnehmerkreis: Mitarbeiter mit Partnern
2.	Termin/Ort
2.1	27. August
2.2	Kleiner Festsaal der Stadt
3.	Gestaltungselemente
3.1	Rede
3.2	Einlagen
3.3	Tanz
4.	Unkosten
4.1	Saalmiete
4.2	Getränke/Verzehr
4.3	Geschenke für bes. Verdienste

Aus dieser Gliederung kann nun ein zusammenhängender Text werden, der erkennen lässt:

Schriftsprache ist sorgfältige Sprache.

Stil – zwischen Slang und Poesie

Herbstbild (Friedrich Hebbel)

Dies ist ein Herbsttag, wie ich keinen sah!
Die Luft ist still, als atmete man kaum,
Und dennoch fallen raschelnd fern und nah
Die schönsten Früchte ab von jedem Baum.

O stört sie nicht, die Feier der Natur!
Dies ist die Lese, die sie selber hält,
Denn heute löst sich von den Zweigen nur,
Was vor dem milden Strahl der Sonne fällt.

Liebe Laura,
das Leben kann wirklich schön sein! Während ich diesen Brief an Dich schreibe, sitze ich im Garten. Es ist einer der Tage, die man auch »goldener Herbst« nennt: warm und sonnig. Mein Liegestuhl steht unter dem alten Apfelbaum, den unsere Eltern noch gepflanzt haben. Die Kinder sollen nachher das Fallobst aufsammeln als ihren Beitrag zum Obstkuchen, den die ganze Familie am Wochenende erwartet.

»Hallo Kollege, dann wollen wir mal fegen. Hoffentlich haben wir genügend Laubsäcke da. Schade, dass die Stadt so knauserig ist; ein Elektropuster wäre ein prima Service für die Mannschaft. Na ja, wenigstens ist das Wetter nich so mies wie gestern. Da hätten wir eigentlich Schnupfenzulage kriegen müssen.«

Wie man sieht, gibt es vielerlei Arten, sich auszudrücken: In Hebbels Gedicht erklingt zwischen den Zeilen eine leise Sprachmelodie, der Brief an Laura ist ein nüchtern-konventioneller Familienbrief und der Mitarbeiter der Stadtreinigung begrüßt seinen Kollegen in salopper Umgangssprache. Mit Ausnahme einiger Nachlässigkeiten im

Textbeispiel für das gesprochene Wort (Verkürzungen bei *mal* und *nich*) entsprechen alle Texte den allgemeinen Sprachnormen. Stil muss also etwas anderes sein als korrekter Sprachgebrauch.
Stil ist Ausdrucksweise. Stil ist die Art und Weise, **wie** wir etwas formulieren. Ob wir einen flotten oder einen getragenen Ton wählen, hängt von der jeweiligen **Kommunikationssituation** ab. Am Stammtisch redet man eben anders als auf der Kanzel. Und eine Postkarte aus dem Urlaub schreibt man nicht in demselben Stil wie einen Brief an das Finanzamt, ebenso wie ein Journalist die Sprache anders einsetzt als ein Wissenschaftler.
Man merkt, den einen guten Stil für alle Fälle gibt es nicht. Es gibt nur einen jeweils passenden Stil für eine bestimmte Situation. Und woran kann man ihn erkennen? Er muss angemessen sein. Dieses Stilprinzip fordert, dass sich die Sprache für den jeweiligen Anlass **eignen** und den unsichtbaren gesellschaftlichen Konventionen entsprechen muss, die sich für bestimmte Anlässe eingebürgert haben (»Es gehört sich so.«). Der angemessene Stil ist also nicht nur abhängig vom Schreiber, vom Thema und vor allem vom Adressaten (vgl. Seite 11), sondern auch von der Situation.
Und noch etwas: Unser stilistisches Fingerspitzengefühl reagiert sensibel, wenn wir Sätze lesen wie diese:

Hat jemand etwas zu sagen, so gibt es keine angemessenere Weise als seine eigene; hat er nichts zu sagen, so ist seine noch passender. (Jean Paul)

Sehr geehrter Herr Bürgermeister,
soeben erhielt ich Ihren Wisch ...

Lieber Schatz,
mir stockte der Odem, als ich eben Deinen Brief öffnete ...

Beide Beispielsätze enthalten Stilbrüche, weil sie Wörter einer Stilebene verwenden, die im gegebenen Fall nicht passt. In anderen Situationen könnten sie sich allerdings durchaus eignen, z. B. das Wort *Wisch* in einem Werbetext und das Wort *Odem* in einem Gedicht. Man sollte sich also bemühen, die einmal gewählte Stilebene einheitlich durchzuhalten.

Der Stil ist die Physiognomie des Geistes. (Schopenhauer)

Guter Stil ist angemessener Stil.

Berlin ist eine Reise wert!
Wer diese große Häuseransammlung noch nicht kennt, sollte schleunigst mal hinfahren. Daselbst wird er bezüglich des obigen Satzes überzeugt, dass eine Visite immens lohnt. Der signifikanteste Punkt der pulsierenden Stadt ist wohl das Brandenburger Tor. Es ist weltberühmt und wird deshalb auch von vielen Touristen frequentiert. Wer dem Mief der Großstadt zu entfleuchen gedenkt, kann alsdann auch ...

Nein, hier sollten wir nicht weiterlesen; denn dieser Text ist einfach miserabel. Solches Durcheinander der Stilebenen und solche Fehlgriffe bei der Wortwahl – da bleiben wir lieber zu Hause. (Schade eigentlich; denn Berlin ist wirklich eine Reise wert!)

Wortsinn – Treffsicherheit erwünscht

Wählerisch sollte man sein, Wort für Wort. Schließlich stehen uns mehr als 300 000 verschiedene Wörter zur Verfügung. Das ist Auswahl genug. Bei einem so reichhaltigen Angebot kann man sich ruhig ein wenig umschauen, bis man etwas Geeignetes findet. Wenn uns dies gelingt, würden Fachleute unseren Stil **elaboriert** nennen, nämlich fähig, auch Feinheiten nuanciert auszudrücken.

Vielfalt – Differenzierung bevorzugt

Fangen wir gleich an. Warum nur begnügen wir uns so oft mit **Allerweltswörtern,** zu deren Spitzenreitern *machen, Sache* und *Ding* gehören.

Ohne große Mühe ließen sich jeweils Wörter finden, die für den Einzelfall besser passten, beispielsweise für **machen:**

Wir begehen Fehler.
statt: *Wir machen Fehler.*
Wir schreiben Texte.
statt: *Wir machen Texte.*
Wir unternehmen eine Reise.
statt: *Wir machen eine Reise.*

Auch eine allgemeine **Sache** könnte ohne langes Nachdenken zu einer unverwechselbaren Sache werden, wenn wir ihr einen anderen Namen gäben, beispielsweise:

Hast du unseren Proviant schon eingepackt?
statt: *Hast du unsere Sachen schon eingepackt?*
Ich habe meine Betriebsunterlagen im Büro vergessen.
statt: *Ich habe meine Sachen im Büro vergessen.*
Sie können Ihre Mäntel hier aufhängen.
statt: *Sie können Ihre Sachen hier aufhängen.*

Ebenso fände sich für ein **Ding** schnell eine **präzisere** Formulierung, beispielsweise:

Weißt du, wie man das Gerät dort nennt?
statt: *Weißt du, wie man das Ding dort nennt?*
Manche Entwicklungen brauchen eben ihre Zeit.
statt: *Manche Dinge brauchen eben ihre Zeit.*
Auf dem Flohmarkt gibt es Raritäten.
statt: *Auf dem Flohmarkt gibt es seltene Dinge.*

Zu solchen Allerweltswörtern gehören auch Adjektive wie *groß* und *klein*, deren Beliebtheit nicht gerade auf Qualität beruht.

Leicht ließen sie sich in **treffende** Ausdrücke verwandeln, beispielsweise *groß:*

Die Donau ist ein Strom in Europa.
statt: *Die Donau ist ein großer Fluss in Europa.*
Sie gehen mit Begeisterung zum Training.
statt: *Sie gehen mit großer Freude zum Training.*
Mit Getöse entfernt sich der Traktor.
statt: *Mit großem Lärm entfernt sich der Traktor.*

Das bedeutet allerdings nicht, das Adjektiv *groß* ganz zu ächten. Es gibt nämlich durchaus Fälle, in denen es sogar besonders angemessen ist, beispielsweise in einem Satz wie diesem: *Dies war die große Geste, auf die alle Beteiligten lange gewartet hatten.*

Auch das Allerweltswort *klein* lässt sich oft **differenzieren,** beispielsweise:

Wir fahren heute mit einem Boot.
statt: *Wir fahren heute mit einem kleinen Schiff.*
Viele Hundefreunde kaufen sich Welpen.
statt: *Viele Hundefreunde kaufen sich kleine Hunde.*
Ich bringe ein Päckchen zur Post.
statt: *Ich bringe ein kleines Paket zur Post.*

Dass der präzisere Ausdruck dem **vagen** vorzuziehen ist, heißt nicht, dass man nach raffinierten Wörtern Ausschau halten soll. Es genügt **das angemessene Wort, weiter nichts.**
Daraus folgt, dass wir etwas nur im Ausnahmefall als *schön*, *gut* oder *schlecht* bewerten, sondern nach **individuelleren** Formulierungen suchen sollten, beispielsweise für *schön:*

Heute ist sonniges Wetter.
statt: *Heute ist schönes Wetter.*
Wir hatten einen ereignisreichen Tag.
statt: *Wir hatten einen schönen Tag.*
Unser Hotel war recht ansprechend.
statt: *Unser Hotel war recht schön.*

Dasselbe gilt auch für das inhaltsarme Wort *gut,* das **inhaltsreicher** werden könnte, beispielsweise:

Der Service war sehr zuvorkommend.
statt: *Der Service war sehr gut.*
Das Preis-Leistungs-Verhältnis war angemessen.
statt: *Das Preis-Leistungs-Verhältnis war gut.*
Wir hatten uns auf die Reise ausführlich vorbereitet.
statt: *Wir hatten uns auf die Reise gut vorbereitet.*

Und wer etwas als *schlecht* bewertet, könnte auch **detaillierter** sagen, was ihm missfällt, beispielsweise:

Dies wäre eine zu lange Route.
statt: *Dies wäre eine schlechte Route.*

Dies ist eine unübersichtliche Karte.
statt: *Dies ist eine schlechte Karte.*
Dies ist ein geeigneter Parkplatz.
statt: *Dies ist kein schlechter Parkplatz.*

Ähnlich treffsicher könnte unser Zugriff werden, wenn wir auch das schlaffe **Hilfsverb** *sein* mieden, falls **aussagekräftigere** Alternativen bereitstehen, beispielsweise:

Am Flughafen stehen viele Leute.
statt: *Am Flughafen sind viele Leute.*
Unsere Bekannten warten schon am Gate.
statt: *Unsere Bekannten sind schon am Gate.*
Im Flieger sitzen auch einige Kinder.
statt: *Im Flieger sind auch einige Kinder.*

Es gibt noch eine weitere Gruppe von Fällen, deren Ergebnisse wir verbessern könnten: Wenn unsere Sprache über **ein einzelnes angemessenes Wort** verfügt, sollten wir dies nicht gegen eine Wendung austauschen, die aus zwei Wörtern besteht, beispielsweise:

Die Luft war schwül.
statt: *Die Luft war sehr drückend.*
Wir waren erschöpft.
statt: *Wir waren äußerst müde.*
Der Eiffelturm ist weltbekannt.
statt: *Der Eiffelturm ist ziemlich bekannt.*

Treffsicherheit kann manchmal auch bedeuten, dass man von zwei Wörtern dasjenige wählt, das **weniger Silben** aufweist. Das kürzere Wort ist nämlich manchmal **griffiger** und daher treffender, wie sich an folgenden Beispielen nachvollziehen lässt:

Geiz	ist griffiger als	*Knauserigkeit.*
Einwand	ist griffiger als	*Einwendung.*
steif	ist griffiger als	*unbeweglich.*

Dies darf allerdings nicht zu der Schlussfolgerung führen, dass längere Wörter zu meiden sind.

Wortwahl – Wahl kommt von »wählen«

Angemessener Stil beginnt mit dem passenden Wort.	
So nicht:	**Aber so:**
Wir machen einen Plan.	Wir entwerfen einen Plan.
Im Restaurant sind zahlreiche Gäste.	Im Restaurant essen zahlreiche Gäste.
Im heftigen Dauerregen war unsere Kleidung sehr nass geworden.	Im heftigen Dauerregen war unsere Kleidung triefnass geworden.

Aufgabe 1

Ersetzen Sie jeweils den blassen Ausdruck durch einen passenderen:

a. Sie haben heute ihre Prüfung gemacht.
b. Bis zur Notenmitteilung sind alle noch im Gebäude.
c. Bald werden sie ihr Zeugnis in der Hand haben.

Mit wenigen Worten viel sagen heißt nicht, erst einen Aufsatz machen und dann die Perioden abkürzen, sondern vielmehr, die Sache erst überdenken und aus dem Überdachten das Beste so sagen, dass der vernünftige Leser wohl merkt, was man weggelassen hat. Eigentlich heißt es, mit den wenigsten Worten zu erkennen geben, dass man viel gedacht habe. (Lichtenberg)

Synonyme – Ähnliches ist nicht dasselbe

Wer Auswahl haben will, der muss sich Auswahl schaffen. Das heißt, wir müssen möglichst viele **sinnverwandte Wörter** zu uns bitten und ihre Aussagekraft vergleichen. Gesetzt den Fall, wir wollten von einer Kunstausstellung erzählen und suchten das passende Wort für die Tätigkeit der Augen während unseres Rundgangs. Einsatzbereit stehen die Verben *mustern*, *besichtigen* und *betrachten*. *Mustern* macht einen guten Eindruck; es wirkt so gewissenhaft. Aber trifft es auch die Sache? Ist unser Blick wirklich ein prüfend messender Blick, wenn es um Kunstwerke geht? Vielleicht sollten wir lieber *besichtigen* wählen, da wir doch interessierte Besucher sind. Aber auch hier werden wir zögern. Stehen wir den Kunstwerken tatsächlich so distanziert gegenüber, wie es im Verb *besichtigen* zum Ausdruck kommt? Nun haben wir es: *betrachten* passt. Es lässt den Blick bei dem Kunstwerk verweilen, in äußerem Abstand und innerer Nähe. Die Entscheidung ist gefallen.
Wollen wir dagegen über eine Fachmesse berichten, so könnten sich folgende Verben anbieten: *anschauen*, *begutachten*, *ansehen*. Mit den Verben *anschauen* und *ansehen* machen wir zwar nichts falsch; aber sind sie nicht zu allgemein? Was sollten die Augen denn sonst tun, als die aus-

Die Sprache ist äußeres Denken, das Denken innere Sprache. (Rivarol)

gestellten Neuheiten *anzuschauen* oder *anzusehen*? *Begutachten* könnten sie, was sich ihnen zeigt. Dieses Wort ist genauer und eignet sich, wenn wir uns kritisch abwägend informieren wollen.

Nun ist es an der Zeit, die Gruppe der sinnverwandten Wörter beim Namen zu nennen: **Synonyme** heißen sie (aus griech. »gleichnamig«). Die Originalbezeichnung darf allerdings unter keinen Umständen wörtlich verstanden werden. Wie sich eben gezeigt hat, haben verschiedene Wörter nie dieselbe Bedeutung, sondern unterscheiden sich mindestens in **Nuancen.** Schon aus Gründen der Ökonomie haben sich im Laufe der Sprachentwicklung keine Wörter in doppelter Ausfertigung gebildet, wofür auch? Wortänderung ist also Sinnänderung. Ähnliches ist eben nicht dasselbe.

Das **Abwägen** zwischen bedeutungsähnlichen Wörtern hilft nun, ihre kleinen Unterschiede wahrzunehmen und das treffende Wort zu finden, beispielsweise für den gleichmäßigen Gang durch die Dünen:

schleichen	*schlurfen*	*schreiten*
wandeln	*trotten*	*wandern*
marschieren	*stapfen*	*gehen*
huschen	*eilen*	*hasten*
laufen	*spurten*	*sprinten*
stürmen	*rennen*	*sausen*
jagen	*rasen*	*flitzen*

Synonyme zeigen dabei, wie reich unser Wortschatz ist, und führen uns leicht zum angemessenen Ausdruck. Sie haben aber noch eine weitere Funktion. Sie können für **Abwechslung** sorgen, damit wir bei einem längeren Text nicht immer dasselbe Wort verwenden müssen. Stilistische Vielfalt, wie sie im vorigen Kapitel gefordert wurde, bedeutet nämlich auch, dass wir störende Wiederholungen meiden und alternative Formulierungen einsetzen. Hierbei muss man aber aufpassen, dass die kleinen Unterschiede nicht zu Widersprüchen führen. In manchen Einzelfällen sind die Nuancen jedoch so gering, dass Syno-

nyme einen erlaubten Wechsel im Ausdruck anbieten, beispielsweise bei den Verben *spurten/sprinten*, *rennen/rasen* und *stürmen/jagen*.
Es gibt noch eine weitere Möglichkeit, einen Ausdruck zu variieren: So wie es lange Zeit in der Welt des Sports üblich war, vom *Leimener* (Boris Becker), vom *Kerpener* (Michael Schumacher) oder von der *Brühlerin* (Steffi Graf) zu reden, und jeder wusste, wer damit gemeint war, so kann man auch bei anderen Wörtern nach Stellvertretern suchen, die Variabilität statt Wiederholung schaffen. Solange man nicht übertreibt, ist nichts dagegen einzuwenden, *Berlin* auch einmal *Spree-Athen* zu nennen oder salopp als *Stadt mit Schnauze* bzw. gediegen als *Regierungssitz* zu bezeichnen. Hauptsache ist, das Ersatzwort wird vom Leser verstanden, wie man dies wohl voraussetzen kann bei der Bezeichnung *Elb-Florenz* (statt *Dresden*) und *Mainmetropole* (statt *Frankfurt am Main*).
Und was tun, wenn einem beim Schreiben nun wirklich keine sinnverwandten Wörter einfallen? Dann sollten wir nicht zu stolz sein, uns Anregungen von Fachleuten zu holen, beispielsweise im *Duden-Synonymwörterbuch*. Dort findet man ein so reichhaltiges Angebot, dass man schon für den nächsten Text Reserve hat.
Allerdings: Ein Lappe würde unser Synonymwörterbuch unwillig zuklappen, wenn er nach den deutschen Entsprechungen für *Eis* und *Schnee* suchte: Mit ungefähr 20 Wörtern für *Eis* und einer doppelten Anzahl für *Schnee* können wir nun wirklich nicht aufwarten, ganz zu schweigen von den deutschen Verben *auftauen* und *gefrieren*, für die in der Sprache der Lappen ungefähr 25 Spezialausdrücke zur Verfügung stehen.
Hieran lässt sich ablesen, welche große Bedeutung den jeweiligen Lebensumständen einer Sprachgemeinschaft bei der Entwicklung ihres Wortschatzes zukommt.
Zu unserer Beruhigung: Auch sprachbegabte Dichter benötigen manchmal mehrere Anläufe, bis ein Text

aus: Duden – Das Synonymwörterbuch, Mannheim, Leipzig, Wien 2007, S. 577.

Lauf
1. Rennen, Wettlauf, Wettrennen.
2. a) Ablauf, Bahn, Fluss, Hergang, Strom, Verlauf, Weg. b) Aufeinanderfolge, Entwicklung, Folge, Fortgang, Nacheinander, Prozess.

Laufbahn
a) Berufslaufbahn, Berufsweg, Entwicklungsgeschichte, Lebenslauf, Lebensweg, Werdegang; *(bildungsspr.):* Vita. b) Aufstieg, Karriere, Werdegang.

laufen
1. a) eilen, fegen, hetzen, jagen, preschen, rennen, sausen, schießen, stürmen, wieseln; *(geh.):* fliegen, hasten, stieben; *(ugs.):* die Beine in die Hand/unter die Arme nehmen, düsen, flitzen, pesen, rasen, schwirren, sprinten, spritzen, spurten, wetzen; *(salopp):* gasen; *(südd., schweiz.):* springen; *(landsch.):* schesen. b) sich fortbewegen, gehen; *(geh.):* schreiten. c) marschieren, spazieren [gehen], wandern, zu Fuß gehen.
2. angeschaltet/angestellt/eingeschaltet sein, arbeiten, funktionieren, gehen, in Betrieb/Funktion/Gang sein; *(ugs.):* an sein, tun.
3. ausfließen, sich ergießen, fließen, herausfließen, heraussprudeln, herausströmen, rieseln, rinnen, sprudeln, strömen; *(geh.):* fluten.
4. sich erstrecken, führen, verlaufen.
5. ablaufen, sich abspielen, sich ereignen, erfolgen, geschehen, passieren, seinen Verlauf nehmen, stattfinden, verlaufen, sich vollziehen, vonstattengehen, vor sich gehen; *(geh.):* sich begeben, sich zutragen; *(ugs.):* abgehen, los sein, über die Bühne gehen.
6. gelten, Gültigkeit/Laufzeit haben, gültig sein, wirksam sein.

laufend
a) andauernd, anhaltend, beharrlich, beständig, bleibend, dauerhaft, dauernd, fest, fortdauernd, fortgesetzt, fortlaufend, fortwährend, gleichbleibend, immer, immerfort, immerwährend, immerzu, in einem fort, konstant, ohne Ende/Pause/Unterbrechung, pausenlos, permanent, regelmäßig wiederkehrend, ständig, stetig, stets, unablässig, unaufhörlich, unausgesetzt, unentwegt, ununterbrochen; *(bildungsspr., Fachspr.):* kontinuierlich; *(ugs.):* am laufenden Band, in einer Tour; *(bes. österr. ugs.):* allweil; *(salopp):* am laufenden Meter; *(emotional):* ohne Unterlass; *(landsch., sonst veraltend):* allzeit; *(schweiz. veraltend):* stetsfort. b) aktuell, derzeitig, gegenwärtig, gerade ablaufend/erscheinend.

»sitzt«. Beispielsweise fomulierte Goethe noch 1775 die Anfangszeilen des *Urfaust:*

Hab nun ach die Philosophei
Medizin und Juristerei,
Und leider auch die Theologie
Durchaus studiert **mit heißer Müh.**

1808 heißt es dagegen in *Faust I:*

Habe nun, ach! Philosophie,
Juristerei und Medizin,
Und leider auch Theologie!
Durchaus studiert, **mit heißem Bemühn.**

Auf die Nuancen kommt es an.

So nicht:	Aber so:
Der Traum ist ein Aufseher des Schlafes, nicht sein Störenfried.	Der Traum ist ein Wächter des Schlafes, nicht sein Störer. (Freud)
Idealisten sind Menschen, die so tun, als könnte man Ideale in die Tat umsetzen.	Idealisten sind Menschen, die so tun, als könnte man Ideale verwirklichen. (Faulkner)
Kompliment: ein Händeklatschen, das erfrischt.	Kompliment: ein Applaus, der erfrischt. (Wierlein)

Aufgabe 2

Stellen Sie eine Liste von mindestens zehn sinnverwandten Wörtern zusammen, die man statt *sprechen* verwenden könnte, und ordnen Sie diese nach der Lautstärke.

Fremdwörter – nur Könner sind willkommen

»*Produkt und Quotient zweier integrierbarer Funktionen sind integrierbar, Letzteres unter der Voraussetzung, dass der Absolutbetrag der Nennerfunktion ein positives Infinitum hat.*« So lautet ein Lehrsatz aus einem Mathematikbuch, und wir haben bei allem Unverständnis keine Veranlassung, über solche Wortwahl die Nase zu rümpfen. Denn **Definitionsschärfe** und Internationalität zwingen die Wissenschaftler, sich zahlreicher Fremdwörter zu bedienen. Spröde Fachausdrücke sind hier gern gesehen, weil sie in der Lage sind, einen größeren Sinnzusammenhang auf wenige Buchstaben zu verkürzen, beispielsweise:

Produkt = Ergebnis der Multiplikation in einer Halbgruppe
Quotient = Ergebnis der Division zweier Zahlen

Wissenschaftssprache ist also eine Sondersprache für Eingeweihte. Aus Nützlichkeitserwägungen gibt es wohl gegen den Fremdwortgebrauch in diesem Bereich kaum etwas einzuwenden.
In unserer **Alltagssprache** sieht die Lage dagegen anders aus. Hier sind Fremdwörter diejenigen Wörter einer fremden Sprache, die sich von alters her durch kulturellen Austausch bei uns eingefunden haben.
Viele von ihnen stammen aus dem **griechisch-römischen** Sprachraum und sind schon so lange bei uns, dass uns ihre fremde Herkunft kaum noch bewusst ist, beispielsweise *Doktor, Universität, Theater.*
Andere kamen vor einigen Jahrhunderten aus **Frankreich;** sie sind aber meist auch schon so gut integriert, dass sie aus unserer Sprache nicht mehr wegzudenken sind, beispielsweise *Chance, Medaille, Friseur/Frisör.*
Unter den sprachlichen Zuwanderern sind Gäste **aus aller Welt:** vom *Kaffee* und *Kakao* aus Arabien bzw. Mexiko über *Pizza* und *Döner* aus Italien bzw. der Türkei bis zu *Sushi* und *Nasigoreng* aus Japan bzw. Indonesien.
Besonders groß ist seit geraumer Zeit die Gruppe mit **englisch-amerikanischem Hintergrund,** sei es das *Hobby*, die *Homepage* oder der *Headhunter*.
Sie alle bieten uns ihre Mitwirkung im Satz an. Sollen wir nun ihr freundliches Angebot annehmen oder ablehnen? Wie auch sonst hängt die Antwort von jedem einzelnen Wort ab. Handelt es sich um aufgeputzte Herrschaften, die mit ihrem fremdländischen Klang den deutschen Kollegen nur die Schau stehlen wollen, ohne sich inhaltlich von ihnen zu unterscheiden, so sollten wir getrost auf ihre Mitarbeit verzichten. Wir haben es nämlich nicht nötig, im *Helikopter* in die Luft zu steigen, wo *Hubschrauber* denselben Zweck erfüllen, uns an ein *Tête-à-Tête* zu erinnern, wenn es ein *zärt-*

liches Beisammensein war, und ins *Shoppingcenter/Shopping-Center* zu gehen, solange es *Einkaufszentren* gibt. Für manches deutsche Ohr mögen zwar *Psyche*, *Majorität* und *Balance* eleganter klingen als *Seele*, *Mehrheit* und *Gleichgewicht*. Aber Mode ist kein Maß für Stil.
Hat also ein Fremdwort keinen erkennbaren Vorzug vor dem entsprechenden deutschen Wort zu bieten, so sollten wir uns für die deutsche Variante entscheiden.
Es gibt aber auch Fremdwörter, die zwar dasselbe bedeuten wie ihre deutschen Entsprechungen, die aber – aus welchen Gründen auch immer – eine andere Stimmung erzeugen. Beispielsweise ist das Adjektiv *dezent* inhaltlich identisch mit *zurückhaltend/taktvoll/unauffällig/unaufdringlich;* aber es klingt etwas »leiser« als die deutschen Wörter. Vielleicht liegt dies an seiner **Kürze,** die manchmal auch zur Atmosphäre eines Wortes beiträgt, wie man beispielsweise auch hören kann bei Alternativen wie *Flop* statt *Misserfolg* oder *Stress* statt *Belastung*.
Ähnlich verhält es sich bei den Verben *passieren* und *geschehen*. Auch sie unterscheiden sich inhaltlich nicht; aber *passieren* klingt einfach etwas voller, direkter und sachlich-funktionaler. Bei diesem feinen Unterschied mag es vielleicht eine Rolle spielen, dass das deutsche Verb *geschehen* einen Hauch von Lautmalerei enthält *(ge-schehen)*, der das Wort mit einer kleinen Aura umgibt.
Und natürlich gibt es auch Fremdwörter, die ihre Sache erheblich besser machen als wir, weil sie knapper und verständlicher formulieren als der deutsche Wettbewerb. Dies sind heute vor allem Ausdrücke aus der elektronischen Welt des *Computers* mit Fachbegriffen wie *Software*, *Hardware* oder *Update*. Sie sind wahrlich prägnanter als ihre deutschen »Übersetzungen«:

Software	=	die zum Betrieb einer Datenverarbeitungsanlage benötigten Programme
Hardware	=	die Gesamtheit der technisch-physikalischen Teile einer Datenverarbeitungsanlage
Update	=	verbesserte Version eines Programms

Viele von ihnen sind sogar schon so in den deutschen Sprachschatz aufgenommen worden, dass sie sich grammatisch unseren Gewohnheiten anpassen, beispielsweise *mailen*, *scannen* und *surfen*, die man genauso konjugiert wie andere deutsche Verben, nämlich:

Ich *maile* ihm.
Du *hast* den Text *gescannt*.
Wir *surfen* im Internet.

Man kann also drei unterschiedliche Gruppen von Fremdwörtern unterscheiden:
1. Fremdwörter, die meist entbehrlich sind,
2. Fremdwörter, die sich ein wenig unterscheiden,
3. Fremdwörter, die unseren Wortschatz bereichern.
Die erste und letzte Gruppe sei nun noch einmal gesondert unter die Lupe genommen. Auch wenn man die folgenden Anglizismen nicht eindeutig als »empfehlenswert« oder »nicht empfehlenswert« einstufen kann, da sich zum einen das Sprachgefühl immer im Wandel befindet und es zum anderen nicht bei allen Benutzern gleich ausgeprägt ist, so können doch Zuordnungen gewagt werden.

Es gibt wohl kaum ernsthafte Gründe, die aufgelisteten Fremdwörter den deutschen Formulierungen vorzuziehen (wobei sie natürlich auch nicht »verboten« sind).
Empfohlen sei also:

Rückmeldung	statt	*Feedback*
Anhörung	statt	*Hearing*
Schaugeschäft	statt	*Showbusiness*
Lebensstil	statt	*Lifestyle*
technische Ausrüstung	statt	*Equipment*
abstimmen	statt	*voten*
herunterladen	statt	*downloaden*
entspannen	statt	*relaxen*
in Kenntnis setzen	statt	*briefen*
wiederverwerten	statt	*recyceln*

Es gibt aber wohl gute Gründe, folgende Fremdwörter zu bevorzugen:

Teenager	statt	*Jugendlicher zwischen 13 und 19 Jahren*
Babysitter	statt	*jemand, der ein kleines Kind beaufsichtigt*
Ghostwriter	statt	*Schreiber für eine andere Person*
Boykott	statt	*politische, wirtschaftliche oder soziale Nichtbeachtung*
Know-how/Knowhow	statt	*Wissen, wie man eine Sache anwendet*
Midlife-Crisis/Midlifecrisis	statt	*Krise in der Mitte des Lebens*
Handicap/Handikap	statt	*Nachteil*
Stand-by/Standby	statt	*Bereitschaftsschaltung*
fair	statt	*anständig, den Regeln entsprechend*
chatten	statt	*sich im Internet mit anderen austauschen*

Wenn man Fremdwörter benutzt, sollte man sie korrekt verwenden. Probleme lauern hierbei vor allem bei der Bildung des Plurals, der bei ähnlicher Lautung nicht immer gleich gebildet wird. Daher ein kleiner Service zur Vorbeugung vor Peinlichkeiten:

Singularformen	**Pluralformen**
Klima	*Klimata/Klimas*
Komma	*Kommas/Kommata*
Pizza	*Pizzas/Pizzen/Pizze*
Pharmakon	*Pharmaka*
Semikolon	*Semikolons/Semikola*
Lexikon	*Lexika/Lexiken*
Modus	*Modi*
Opus	*Opera*
Fokus	*Fokusse*
Passus	*Passus (mit langem u)*
Globus	*Globen/Globusse*

Fremdwörter sollte man nur dann verwenden, wenn sie treffender sind als ihre deutschen Entsprechungen.

So nicht:	Aber so:
Unsere momentane Lage erfordert großen Einsatz.	Unsere gegenwärtige Lage erfordert großen Einsatz.
Wir kommen direkt nach der Veranstaltung.	Wir kommen unmittelbar nach der Veranstaltung.
Die Umgebung gefällt mir.	Das Ambiente gefällt mir. (In diesem Beispiel ist das Fremdwort treffender als das deutsche Ersatzwort.)

Aufgabe 3

Ersetzen Sie die Fremdwörter, wenn sie Ihnen nicht so geeignet erscheinen:

a. Die Wirtschaft boomt.
b. Wir baden im hauseigenen Swimmingpool.
c. Der Countdown/Count-down läuft.

Wenn man manche linguistische Kreation liest, kann man seine psychologisch zu präferierende Akzeptanz nicht demonstrieren, sondern kann das sich selbst disqualifizierende Skriptum nur noch konsterniert dislozieren.

Unsicherheiten – Verwechslungen ausgeschlossen

So weit wären wir also; nur ...
was ist, wenn wir uns gerade für ein bestimmtes Wort entschieden haben und plötzlich unsicher werden, ob es auch *dasselbe* bedeutet, wie wir meinen. Oder müsste es vielleicht heißen *das gleiche?*
Solche Situation ist kein Grund zur Panik; denn bei *realistischer* Einschätzung der Menschen (oder müsste es doch heißen *bei reeller Einschätzung?*) dürfen wir davon ausgehen, dass es anderen genauso geht. Keiner kann schließlich alles wissen. Und zum Glück wissen die anderen ja nicht, an welcher Stelle wir gerade nicht so standfest sind. Schwächen bereiten aber nur so lange Kopfschmerzen, wie wir sie nicht erkennen. Erkennen wir sie also, damit wir sie bewältigen, indem wir Vorsorge treffen.

Folgende Wörter sind leicht zu verwechseln:

aktuell – *gegenwartsnah*
z. B. *Aus aktuellem Anlass wird das Schaufenster umdekoriert.*

akut	–	*gegenwärtig dringlich* z. B. *Wegen akuter Ansteckungsgefahr bleibt sie heute zu Hause.*
autoritär	–	*auf angemaßtem Ansehen beruhend, wegen Macht maßgebend* z. B. *Im Regal stehen mehrere Bücher über autoritäre Regime.*
autoritativ	–	*auf echtem Ansehen beruhend, wegen Anerkennung maßgebend* z. B. *Der autoritative Führungsstil schafft ein angenehmes Arbeitsklima.*
differieren	–	*verschieden sein, voneinander abweichen* z. B. *In der Beurteilung der Marktlage haben wir differierende/abweichende Meinungen.*
differenzieren	–	*genau unterscheiden, Abstufungen berücksichtigen* z. B. *Wir sollten zwischen unseren Stammkunden und Laufkunden differenzieren/unterscheiden.*
effektiv	–	*tatsächlich, greifbar, wirkungsvoll* z. B. *Der effektive Gewinn beeinflusst die Bilanz.*
effizient	–	*leistungsfähig, wirtschaftlich* z. B. *Die Verantwortlichen müssen auf effiziente Zeitplanung achten.*
elektrisch	–	*auf Elektrizität bezogen* z. B. *Die elektrische Schreibmaschine ist aus der Firma längst verschwunden.*
elektronisch	–	*auf Elektronen bezogen* z. B. *E-Mails sind nichts anderes als elektronische Briefe.*
formal	–	*die Form betreffend* z. B. *Die Bestellung ist formal fehlerfrei.*
formell	–	*den Vorschriften angemessen, förmlich* z. B. *Er erledigt seine Aufgaben nur formell.*
formalistisch	–	*die Form übermäßig betonend* z. B. *Sie hat ihren Auftrag allzu formalistisch ausgeführt.*

human	– *menschlich, menschenfreundlich* z. B. *Wenn einer zu spät kommt, zeigt sich unser Chef von seiner humanen/menschlichen Seite.*
humanitär	– *auf das Wohl der Menschen bedacht, wohltätig* z. B. *Für humanitäre Zwecke verfügt die Firma über ein Sonderkonto.*
ideal	– *vollkommen, vorbildlich* z. B. *Das ideale Buch ist lesenswert, betrachtenswert und preiswert.*
ideell	– *auf einer Idee beruhend, gedanklich* z. B. *Der Stadtrat unterstützt die Bibliothek ideell und materiell.*
idealistisch	– *an Ideale glaubend* z. B. *Sie haben eine idealistische Einstellung zu ihrem Beruf.*
legal	– *gesetzlich, dem Gesetz entsprechend* z. B. *Wir haben legal gehandelt.*
legitim	– *rechtmäßig, sich im Rahmen des geltenden Rechts bewegend* z. B. *Dieser Einwand ist legitim.*
opportun	– *zweckmäßig, nützlich, angebracht* z. B. *Es ist opportun/angebracht, die Kundendatei zu aktualisieren.*
opportunistisch	– *prinzipienlos angepasst, auf Vorteile bedacht* z. B. *Der Verkäufer versteht es, opportunistische Beweggründe zu verbergen.*
original	– *ursprünglich, unverfälscht* z. B. *Der originale/ursprüngliche Wortlaut wurde nicht verändert.*
originell	– *von besonderer Art, ausgefallen* z. B. *Originelle/ausgefallene Ideen sorgen für Abwechslung.*
praktisch	– *auf die Praxis bezogen, zweckmäßig* z. B. *Theoretisch leuchtet mir dies ein, praktisch ist es aber nicht umzusetzen.*
pragmatisch	– *der Praxis dienend, die Gegebenheiten berücksichtigend* z. B. *Bei der Problemlösung sollten wir pragmatisch vorgehen.*

praktikabel	–	*gut ausführbar, brauchbar* z. B. *Das ist eine praktikable Lösung.*
psychisch	–	*auf die Seele bezogen, seelisch* z. B. *Sie interessieren sich für psychische Krankheiten.*
psychologisch	–	*die Wissenschaft von der Seele betreffend* z. B. *Andere interessieren sich mehr für psychologische Methoden.*
rational	–	*verstandesmäßig, begrifflich fassbar* z. B. *Sie versuchen, das Problem rational zu lösen.*
rationell	–	*zweckmäßig-vernünftig, wirtschaftlich* z. B. *Das rationelle Verfahren spart viel Zeit.*
real	–	*wirklich, tatsächlich, dinglich* z. B. *So sind nun einmal die realen/wirklichen Verhältnisse.*
reell	–	*redlich, anständig, ehrlich* z. B. *Ihr Angebot ist reell.*
realistisch	–	*wirklichkeitsnah* z. B. *Dies ist eine realistische Betrachtungsweise.*

Auch bei einigen deutschen Wörtern sollten wir Irritationen keine Chance geben:

anscheinend	–	*wahrscheinlich, möglicherweise (Vermutung)* z. B. *Der Kunde hat anscheinend großes Interesse.*
scheinbar	–	*angeblich, nur zum Schein (Täuschung)* z. B. *Ein scheinbar schwieriger Text entpuppt sich als Sofalektüre.*
derselbe	–	*Eine Sache/Person wird mehrmals genannt (Identität).* z. B. *Haben Sie noch ein anderes Werk desselben Verfassers?*
der gleiche	–	*Eine Sache/Person gleicht einer anderen (Ähnlichkeit).* z. B. *Das gleiche Buch habe ich neulich woanders gesehen.*

wie	–	*Gleiches wird verglichen.* z. B. *Dieser Krimi ist so spannend wie jener.*
als	–	*Ungleiches wird verglichen.* z. B. *Der Titel ist langweiliger als der Inhalt.*

Manches muss man sich einfach einprägen.

So nicht:	Aber so:
Sie hatten ein psychologisches Problem.	Sie hatten ein psychisches Problem.
Ich habe mich scheinbar geirrt.	Ich habe mich anscheinend geirrt.
Die antiquarische Ausdrucksweise stört nicht.	Die antiquierte/altmodische Ausdrucksweise stört nicht.

Aufgabe 4

Prüfen Sie, ob alle Wörter angemessen gewählt sind, und korrigieren Sie bei Bedarf:

a. Wir wohnen in dem gleichen Haus wie damals.
b. Um mathematische Zusammenhänge zu verstehen, benötigt man eine rationelle Begabung.
c. Der Vertrag hat die Assoziation beider Länder besiegelt.

Unschärfen – Klarheit um jeden Preis?

Und nun dies? Seite für Seite wurde dafür geworben, sich um Klarheit, Treffsicherheit und Eindeutigkeit zu bemühen – und nun kündigt die Überschrift das Gegenteil an. Es soll also Schreibanlässe geben, in denen es angebrachter ist, etwas zu **verunklaren,** statt es messerscharf beim Namen zu nennen? Ja, solche Situationen gibt es durchaus, zugestanden recht selten; aber jeder einzelne Fall kann ein wichtiger Fall sein.

Hiermit sind nicht diejenigen **Euphemismen** gemeint, die an Zynismus grenzen, wenn man von *Freisetzungen* redet, obwohl *Kündigungen* gemeint sind, und wenn die *Verschlankung des Unternehmens* in Wirklichkeit ein *massiver Stellenabbau* ist.

Auch ist nicht an jene absurden Verschleierungen gedacht, bei denen ein *Stillstand* zum *Nullwachstum* wird und ein

ergebnisloses Gespräch zu einem *freimütigen Gedankenaustausch.*
Gemeint sind **Abmilderungen** eines Ausdrucks, dessen ungeschminkte Eindeutigkeit zu krass ausfiele. Solche Gründe hat es nämlich, wenn wir Heime für alte Menschen heute nicht mehr *Altenheime* nennen, sondern *Seniorenheime.* Auch dass ein Gefängnis nicht mehr *Gefängnis* heißt, sondern *Justizvollzugsanstalt*, ist ein Schönreden mit sozialem Gesicht, auch wenn das rücksichtsvolle Ersatzwort ein unschönes Wortungetüm ist.
Natürlich liegt in jeder euphemistischen Wortwahl die Gefahr der Verharmlosung. Und so kommt es in jedem Einzelfall auf die vermutete Sensibilität des Adressaten an (vgl. Seite 11). Nicht jeder Gemeinte mag es lesen, *arm* zu sein, und findet es sicherlich erträglicher, zur Gruppe der *sozial Schwachen* zu gehören. Manchmal hat solche Wortwahl auch etwas mit der gesellschaftlichen Achtung des anderen zu tun: Wer einen *Körperbehinderten* einen *Krüppel* nennt, verletzt dessen Würde.
Dies alles schließt aber nicht aus, dass man einen robusten Zeitgenossen durchaus einmal unverblümt wissen lässt, *bei seiner Faulheit dürfe es ihn nicht wundern, dass er den Eignungstest nicht bestanden hat,* während man in demselben Fall einem anderen sagt, *er müsse sich beim nächsten Mal wohl noch gründlicher vorbereiten.* Das treffende Wort kann also manchmal auch ein behutsames Wort sein, das etwas bewusst nur andeutet, statt schonungslos Klartext zu sprechen.
In diesem Zusammenhang sei noch auf eine andere Form sprachlicher **Unschärfe** hingewiesen. Müssen wir jemandem eine Absage erteilen, so können wir dies in der 1. Person Singular ausdrücken: *Nach eingehender Prüfung der Sachlage kann* **ich** *in Ihrem Fall leider keinen Anhaltspunkt für eine Sonderregelung finden.* In dieser Formulierung wird der Adressat die abschlägige Entscheidung als Ergebnis persönlichen Ermessens einschätzen, das er hinzunehmen hat. Das Personalpronomen *ich* ließe sich jedoch ersetzen durch das Indefinitpronomen *man: Nach einge-*

hender Prüfung der Sachlage kann **man** *in Ihrem Fall leider keinen Anhaltspunkt für eine Sonderregelung finden.* Mit dieser kleinen Wortänderung hat sich eine größere Sinnänderung ergeben: Die als subjektiv empfundene Absage wird dadurch verallgemeinert, dass *man* offensichtlich nicht anders entscheiden kann. Wenn dies den Tatsachen entspricht (und kein berechnender Trick ist), erhält der Adressat durch die Änderung des Pronomens nun eine objektivere Botschaft, die er vermutlich leichter akzeptieren kann. Es sei nicht verschwiegen, dass solche entpersönlichende Formulierung auch ausgenutzt werden kann, beispielsweise wenn man seine Einstellung verbergen möchte: »*Man freut sich, wenn man so aufmerksam bedient wird.*« statt »*Ich freue mich über Ihre Aufmerksamkeit.*«. Aber solche Fassadentechnik bleibt selten unbemerkt.

Das angemessene Wort kann vereinzelt auch unscharf sein.

So nicht:	Aber so:
Wir bieten auch Mode für dicke Damen.	Wir bieten auch Mode für vollschlanke Damen.
Sie sind völlig unfähig, die Anforderungen zu erfüllen.	Sie müssen sich sehr anstrengen, um die Anforderungen zu erfüllen.
Wegen des fortgeschrittenen Stadiums kann ich Ihnen leider nicht mehr helfen.	Wegen des fortgeschrittenen Stadiums kann man Ihnen leider nicht mehr helfen.

Aufgabe 5

Entscheiden Sie, ob alle Wörter psychologisch angemessen sind:

a. Liliputaner haben es im Alltag nicht leicht.
b. Meine Schuhe sind dreckig.
c. Bei so vielen Bewerbern haben Sie leider nur geringe Chancen.

Wirkung – vor Fehlgriffen wird gewarnt

Konnotationen – die heimlichen Mitspieler

Bisher stand der Inhalt der Wörter im Mittelpunkt der Überlegungen. Fachleute sprechen von **Denotation,** wenn sie diese **lexikalische Bedeutung** meinen, deren Geltungsbereich sich klar fassen lässt wie beispielsweise:
Unter einem Mond versteht man einen Begleiter eines Planeten.
Neben dieser objektiven Sachbedeutung haften jedoch vielen Wörtern noch **subjektive Nebenbedeutungen** an, die **Konnotationen:** Haben wir nämlich beispielsweise einen lauen Sommerabend erlebt, an dem wir in liebenswerter Begleitung bei Vollmond am Strand standen, dann ist es sehr wahrscheinlich, dass uns diese Stimmung beim nächsten Vollmond wieder in den Sinn kommt. Ebenso wahrscheinlich ist es, dass wir uns in Zukunft nicht nur bei realem Vollmond an jenen lauen Sommerabend erinnern, sondern oft auch schon, wenn wir nur an den Mond denken. Der *Mond* ist dann mehr als bloß ein *Mond*; er ist für uns zusätzlich positiv besetzt.
Ein Teil unseres täglichen Wortschatzes ist also mit persönlichen Erinnerungs- oder Bewertungsmustern verknüpft. Außerdem entstehen im gesellschaftlichen Umfeld Konnotationen, die sich unmerklich oder auch durch gezielte Sprachlenkung ergeben, beispielsweise bei Begriffen wie *Demokratie* und *Christentum*. Wie man an diesen Begriffen nachweisen kann, entwickeln verschiedene kulturelle Sprachräume auch unterschiedliche Konnotationen. In Deutschland und China beispielsweise weichen sie stark voneinander ab, unabhängig davon, dass sie sich ohnehin in ständigem Wandel befinden.
Auch wenn uns diese Assoziationen meist nicht bewusst sind, handelt es sich um sehr ernst zu nehmende **Begleitvorstellungen,** da sie bei jeder Kommunikation indirekt ein Wörtchen mitreden.
Für uns als Schreibende folgt daraus, dass wir uns um Formulierungen zu bemühen haben, die beim Leser mög-

lichst nicht »anecken«. Natürlich sind wir hierbei wieder nur auf Vermutungen angewiesen (vgl. Seite 11); doch mit etwas Sensibilität wird uns unser gesunder Menschenverstand schon nicht im Stich lassen. Beispielsweise werden wir wohl auf lange Zeit keinem thailändischen Geschäftsfreund sagen, dass ein Übermaß an unerwarteten Verpflichtungen wie ein *Tsunami* über uns hereingebrochen ist.
Konnotationen können jedoch bereits auf einer viel schlichteren Stufe wirksam werden, wie die folgenden Beispiele zeigen:

> *Wir bieten Ihnen* **erlesene** *Waren an.*
> statt: *Wir bieten Ihnen* **ausgesuchte** *Waren an.*
> Im ersten Satz stellen sich mit dem Adjektiv *erlesen* ganze Nebenwelten ein: edel, nobel und vom Feinsten.
> *Ich sah viele Leute mit* **geballten** *Fäusten.*
> statt: *Ich sah viele Leute mit* **erhobenen** *Fäusten.*
> Die *geballten* Fäuste werden wohl bei jedem Leser konnotiert sein mit einer aufgebrachten Menge, deren Wutausbrüche man zu hören glaubt.

Besonders stark können Konnotationen bei Bezeichnungen auftreten, die **politisch oder sozial belastet** sind. So ist es ratsam, gewisse Begriffe gar nicht zu verwenden, besonders wenn sie ideologisch besetzt sind wie einige Begriffe aus der jüngsten deutschen Vergangenheit, beispielsweise *Führer*.

Man sollte sein Ohr für mögliche Konnotationen schärfen.

So nicht:	Aber so:
Viele herausragende Sportler sind Neger.	Viele herausragende Sportler sind Schwarze.
Das Rekordhochwasser hat viel Leid über die Menschen gebracht.	Das verheerende Hochwasser hat viel Leid über die Menschen gebracht.
Das Kölner Stadtarchiv rauschte 2009 zum Entsetzen aller in Sekundenschnelle in die Tiefe.	Das Kölner Stadtarchiv versank 2009 zum Entsetzen aller in Sekundenschnelle in der Tiefe.

Aufgabe 6

Tauschen Sie diejenigen Wörter aus, deren Konnotationen Sie vermeiden möchten:

a. Zigeuner haben eine besondere Lebensart.
b. Darf ich Sie noch auf einen Tee in meine Datscha bitten?
c. Im Alter werden wir wahrscheinlich in eine Seniorenresidenz ziehen.

Schablonen – wo bleibt die persönliche Note?

	Das exklusive Interview
Journalist:	Wie ich in den Kongressmitteilungen lese, nehmen Sie zum wiederholten Male teil. Welchen Eindruck haben Sie von der bisherigen Veranstaltung?
Herr Thiel:	Können Sie mich nichts Leichteres fragen?
Journalist:	Sind denn bereits bei einzelnen Themen Ergebnisse erzielt worden?
Herr Thiel:	Unmögliches wird sofort erledigt, Wunder dauern etwas länger.
Journalist:	Heißt das, dass sich der Kongress dieses Mal vielleicht zu hohe Ziele gesetzt hat?
Herr Thiel:	Aber ich bitte Sie! Wir stehen durchaus auf dem Boden der Tatsachen. Das muss einmal ganz klar festgestellt werden. Der springende Punkt liegt jedoch noch in einigen Basisfragen, denen wir auf Schritt und Tritt begegnen.
Journalist:	Wann kann denn nach Ihrer Meinung die Öffentlichkeit mit ersten Ergebnissen rechnen?
Herr Thiel:	Gut Ding braucht Weile. Brennende Fragen lassen sich nicht auf Hauen und Stechen beantworten. Es besteht begründete Hoffnung, dass uns bald ein durchschlagender Erfolg beschieden ist.
Journalist:	Ich danke für das Gespräch.

Solche **vorgefertigten Versatzstücke** benutzen wir natürlich nicht – und schon gar nicht, wenn wir etwas schreiben. Wir wissen schließlich, was wir uns schuldig sind, auch wenn es *ein Ding der Unmöglichkeit* ist, immer das treffende Wort zu finden.

Stimmt etwas nicht? Was bedeutet es wohl, dass im vorigen Satz einige Wörter kursiv gesetzt sind? Bisher war dieser Schrifttyp Sprachbeispielen vorbehalten. Ach so, es ist uns eben doch selbst passiert, dass sich eine **stereotype Wendung** eingeschlichen hat. *Das lässt an Deutlichkeit ja nichts zu wünschen übrig* ... Die meisten dieser eingeschliffenen Formulierungen machen zwar ihre Sache gut, so gut, dass sie immer wieder zum Einsatz kommen; aber dieser ständige Stress hat sie ermüdet. Nun sind sie überarbeitet und träge, und ihr einstiger Schwung ist zur Routine geworden.

Dies beginnt schon bei einzelnen Wörtern, die bei dosiertem Gebrauch zwar etwas zu sagen haben, als gegenwärtiges **Modewort** jedoch zur **Floskel** verblassen, beispielsweise die Adjektive:

hochkarätig
innovativ
alternativ
gekonnt
kritisch

Ähnlich geht es einigen Verben, die tagtäglich von sich reden machen, beispielsweise:

ausdiskutieren
thematisieren
problematisieren
tabuisieren
verbalisieren

Und nicht zu vergessen die zahlreichen Substantive, denen die klischeehafte Nutzung den Eigenwert genommen hat, beispielsweise:

Anliegen
Relevanz
Paradigmenwechsel
Problembewusstsein
Diskurs

Schade eigentlich, dass der *Denkanstoß* so verbraucht ist; denn als er noch nicht so beliebt war, war er durchaus ein zupackender Begriff, ebenso wie der *Lernprozess*, die *Alibifunktion* und das *Erfolgserlebnis*, die einmal starke Unikate waren, bevor sie Karriere machten.
Auch wenn Wörter als Duo auftreten – besonders gern ein Substantiv mit einem Adjektiv –, ergeht es ihnen ähnlich, wenn sie allzu oft strapaziert werden. Bei sparsamem Gebrauch ist wirklich nichts einzuwenden gegen angemessene Verbindungen wie:

klirrende Kälte
blankes Entsetzen
fauler Trick
unnennbarer Schmerz
hektisches Treiben

Aber warum muss ein *Schweigen* immer *betreten* sein? Passte nicht auch *beklommen?*
Ein *Durcheinander* kann zwar *heillos* sein; aber träfe *heftig* die Sachlage nicht auch?
Und wer von *schlagenden Beweisen* spricht, meint sicherlich nichts anderes als *überzeugende* Beweise.
Gängige Wortpaare sollten sich also öfter einmal mit neuen Freunden treffen, die vor einer erstarrten Beziehung schützen.
Manche Wörter schließen sich auch zu Gruppen zusammen und bilden mit anderen eine **formelhafte Redewendung,** beispielsweise Kleingruppen wie:

in Hülle und Fülle
mit Leib und Seele
an Ort und Stelle
bei Wind und Wetter
wie Feuer und Wasser

Auch wenn es sich um vorgestanzte Formulierungen handelt, sind sie – vor allem wegen ihrer plastischen Wortwahl – vereinzelt gern gesehen.

Auch größere Gruppen dieser Art sind von Zeit zu Zeit willkommen, etwa solche mit einem so klaren Bildgehalt wie:

etwas aufs Tapet bringen
mit dem Wind segeln
sich im Kreis drehen
das Kind mit dem Bade ausschütten
Liebe auf den ersten Blick

Wenn sie es aber übertreiben, dann haben auch sie nichts mehr mit gutem Stil zu tun, beispielsweise:

die Spitze des Eisbergs
der Sturm der Entrüstung
auf die Fahnen schreiben
am Ball bleiben
aus allen Nähten platzen

Von ähnlicher Art sind auch einige feste Gruppen, die sich als **Schablonen** so abgekapselt haben, dass sie gar nicht merken, wie abgegriffen sie inzwischen sind, beispielsweise:

wie bestellt und nicht abgeholt
wie eine Bombe einschlagen
kein Blatt vor den Mund nehmen
im Regen stehen lassen
Das hält man doch im Kopf nicht aus.

Was heißt schwätzen? Schwätzen heißt mit einer unbeschreiblichen Geschäftigkeit von den gemeinsten Dingen, die entweder schon jedermann weiß oder nicht wissen will, so weitläufig sprechen, dass darüber niemand zu Worte kommen kann und jedermann Zeit und Weile lang wird. (Lichtenberg)

Sie haben oft einen metaphorischen Charakter, bleiben aber wegen ihres isolierten Vergleichsbereichs meist ein sperriger Fremdkörper im Satz.
Aber auch bei distinguierteren Großgruppen ist dies ähnlich, beispielsweise:

auf der Tagesordnung stehen
eine Aufgabe einer endgültigen Lösung zuführen
Das nimmt Ihnen doch keiner ab.
Wir wollen uns doch nichts vormachen.
Lassen Sie mich zum Schluss dies eine noch ganz klar sagen.

Ihre sprachliche Uniform nimmt ihnen die Individualität. Gönnen wir ihnen eine ausgedehnte Erholungspause, bis sie wieder natürliche Spannkraft haben. In der Zwischenzeit schauen wir uns nach Wörtern um, die ihre **persönliche Note** bewahrt haben.

Unverbrauchte Formulierungen sollten bevorzugt werden.	
So nicht:	**Aber so:**
Glaubwürdigkeit hat einen hohen Stellenwert in unserer Gesellschaft.	Glaubwürdigkeit hat eine große Bedeutung in unserer Gesellschaft.
Wir haben unabdingbare Forderungen zu erfüllen.	Wir haben verbindliche Forderungen zu erfüllen.
Dies war ein Schritt in die richtige Richtung.	Dies war eine richtige Entscheidung.

Aufgabe 7

Ersetzen Sie verbrauchte Formulierungen:

a. Unsere Reformen sind auf Nachhaltigkeit angelegt.
b. Aus triftigem Grund muss ich leider absagen.
c. Wir werden Ihnen mit Rat und Tat zur Seite stehen.

Und uns zum Trost:
Fontane lässt uns wissen, dass er drei Viertel seiner literarischen Tätigkeit darauf verwandt hat, am Text zu feilen. Und bei **Luther** ist zu lesen:

> *Ich habe mich des beflissen im Dolmetschen, dass ich rein und klar Deutsch geben möchte. Und ist uns wohl oft begegnet, dass wir vierzehn Tage, drei, vier Wochen haben ein einziges Wort gesucht und gefragt, habens dennoch zuweilen nicht gefunden.*

Neuheiten – Mut zur Normalität

Da Wörter offensichtlich durch wiederholten oder gedankenlosen Einsatz an Ausstrahlungskraft verlieren, könnten Übereifrige nun geneigt sein, zur Selbsthilfe zu greifen und wortschöpferisch tätig zu werden. Was wäre unverbrauchter als ein Wort, das es erst seit Kurzem gibt oder das wir uns sogar selbst ausdenken?

Stehen die *Ökologisten* schon im *Duden?* Geschafft haben es schon die:

Hinterbänkler
Kompromissler
Leitartikler
Ruheständler
Abweichler

Auf der Warteliste stehen noch die:

Vorständler
Protestler
Kundendienstler
Geheimdienstler
Zustimmler

Allen gemeinsam ist die Endsilbe *-ler*, die den Begriffen einen leicht abwertenden Unterton verleiht.
Auch *urlauben* und *verpartnern* haben schon ihre Duden-Prüfung bestanden, ebenso die *Telefonitis*, während die *Husteritis* noch auf ihre Beförderung wartet.
Es ist zwar anzuerkennen, dass einige Retortenwörter wie *Elchtest* und *Geisterfahrer*, *Waldsterben* und *Wirtschaftswunderland* wirklich gelungene **Wortschöpfungen** sind und ihr öffentliches Ansehen verdient haben. Ob aber der *Raumpflegerin* das Putzen mehr Spaß macht als der guten alten *Haushaltshilfe*, wäre noch zu prüfen. Bis dahin *simsen* wir lieber und bleiben *online*, um zu zeigen, dass wir *in* sind.
Wie man sieht, können **Neologismen** unseren Wortschatz bereichern. Oft aber sind sie sprachliche Wichtigtuer, die einen gebräuchlichen Ausdruck verschlimmbessern, beispielsweise beim Erweitern eines Substantivs durch das Zweitwort **Bereich** wie bei:

Garten	zu	*Gartenbereich*
Eingang	zu	*Eingangsbereich*
Freizeit	zu	*Freizeitbereich*

Durch solche Veränderung wird etwas Normales »veredelt« und als Konnotation stellt sich ein Hauch von Noblesse ein, die der Sache aber selten angemessen ist.

Hingewiesen sei noch auf zwei aktuelle Trends:
Zum einen verbreitet sich die Vorliebe für die **Endsilbe -bar,** die man gern an Verben hängt, beispielsweise:

leistbar
konstruierbar
ablehnbar
ausbildbar
verkaufbar

Neuschöpfungen wie diese träumen sicherlich davon, auch eines Tages im *Duden* zu stehen wie *nachvollziehbar, verhandelbar, erlebbar, annehmbar* und *begreifbar.*
Zum anderen verwandelt man neuerdings gern Substantive in Verben, sodass exklusive Sprachkreationen entstehen wie beispielsweise:

kreuzfahren
frühschoppen
leutegucken
kindergärtnern
rundreisen

Vermutlich nehmen auch sie Maß an schon anerkannten Kollegen wie *schutzimpfen, leuteschinden, bauchreden, quizzen* und *schulmeistern.*

Wörter, die nicht im *Duden* stehen, sind oft unüblich.

So nicht:	Aber so:
Die Ausschüssler haben gute Arbeit geleistet.	Die Mitglieder des Ausschusses haben gute Arbeit geleistet.
Der Kellerbereich soll noch ausgebaut werden.	Der Keller soll noch ausgebaut werden.
Dies ist nachholbar.	Dies kann nachgeholt werden.

Aufgabe 8

Ersetzen Sie die wenig überzeugenden Neologismen:

a. Die Verhandler kommen heute um 19 Uhr.
b. Dies ist kaum verzeihbar.
c. Wir werden demnächst kurzurlauben.

Wussten Sie übrigens, dass **Lessing** den *Bücherwurm* erfunden hat, **Paracelsus** die *Erkältung* und **Goethe** die *Weltliteratur*?

Füllsel – mehr Schein als Sein

Irgendwie eindrucksvoll
Impressionen eines Neulings

Irgendwie war es natürlich ein echt gutes Gefühl, zum ersten Mal in ein Manuskript aufgenommen zu werden. Endlich gehörte man voll dazu.
Irgendwie war es aber doch eine echte Überraschung, als die Einladung kam, obwohl man voll darauf eingestellt war. Da schuftet man praktisch die ganze Zeit und rechnet eigentlich auch mit vollem Erfolg, und zum Schluss kommt er dann doch irgendwie unerwartet. Ich würde sagen, es war gewissermaßen beeindruckend.
Irgendwie hat man nun sein Ziel erreicht. Die Arbeit hier ist echt interessant. Andere Neulinge sehen das eigentlich ähnlich. Ich möchte meinen, alle sind wirklich voll dabei.
Manchmal allerdings haben wir irgendwie den Eindruck, als ob einige der langjährigen Mitarbeiter auf uns herabschauen und uns gar nicht ernst nehmen. Gestern hörten wir sogar jemand echt unwillig sagen, man solle uns wieder ausschließen, da wir nicht wirklich etwas zu sagen hätten; außerdem machten wir viel mehr von uns reden, als wir echt verdient hätten.
Solche Diskriminierung hat uns natürlich voll getroffen, und wir fragen uns wirklich, worin wir uns von den anderen Mitarbeitern unterscheiden. Ich würde sagen, dass man uns wirklich unterschätzt. Oder sollten wir doch einmal prüfen, ob wir eigentlich nicht wirklich oft entbehrlich sind?

Wie war auf Seite 14 zu lesen? **Schriftsprache ist sorgfältige Sprache.**

Manchmal muss dieser Satz weghören; denn nicht alles, was geschrieben wird, genügt diesem hohen Anspruch. Unter strengem Maßstab sollten nämlich nur diejenigen Wörter Zugang zum Papier haben, die lesenswert sind.

Hier ist Leistung gefragt. Wer nichts vorweisen kann, hat keine Chance. Nur wer etwas zu sagen hat, erhält einen Platz auf dem Papier.
Mitläufer wie *ich möchte meinen* oder *ich würde sagen* haben hier nichts zu suchen, da sie nicht zu ihrer eigenen Meinung stehen. Auch wenn sie etwas solider auftreten wie beispielsweise

meines Erachtens
meiner Meinung nach
ich persönlich
ich für meine Person
ich bin der Meinung

haben sie selten mehr Inhalt aufzuweisen als das kleine Wörtchen *ich*. So würde beispielsweise der Satz *Ich für meine Person reise gern* keinen Schaden nehmen, wenn man die **Leerformel** *für meine Person* fortließe: *Ich reise gern.*
Auch Wörter wie *eigentlich, praktisch, halt, bestimmt* und *glatt* sind unerwünscht, solange sie Wert auf ihre Unverbindlichkeit legen wir in folgenden Beispielen:

Es ist (eigentlich) sehr schön hier.
Wir haben (praktisch) alles fertig.
Ich bin (halt) froh über das Ergebnis.
Dies habe ich (bestimmt) nicht gewollt.
Ich habe es (glatt) übersehen.

Selbst so bewährte Wörter wie *wirklich, vollkommen* oder *ja* bringen sich um ihre Glaubwürdigkeit, wenn sie sich zu **Füllwörtern** degradieren lassen: *Eine wirklich gute Idee* hieße besser *eine ausgezeichnete Idee* und *eine vollkommen unverständliche Frage* könnte ohne wesentliche Einbuße *eine unverständliche Frage* werden, ebenso wie dem Satz *Wir haben es ja gewusst* wenig fehlt, wenn man das Wörtchen *ja* streicht. Ganz zu schweigen von Ausdrücken wie *natürlich* und *selbstverständlich*, die nur selten so bedeutungsvoll sind, wie sie zu sein vorgeben.

Kurzum, der Widerspruch zwischen Schein und Sein verlangt, dass wir genau hinsehen: **Verlegenheitswörter** sehen oft stattlich aus, haben aber inhaltlich wenig zu bieten wie beispielsweise:

nichtsdestotrotz
zweifelsohne
letztendlich
partout
quasi

Dies alles heißt aber nicht, dass wir solche Wörter ausmustern sollten. Wir sollten nur in jedem einzelnen Falle prüfen, ob sie im Satz eine Aufgabe erfüllen oder entbehrlich sind.
Dass sie von Zeit zu Zeit sehr wohl von Bedeutung sind, weil sie eine Aussage modulieren und mit einer kleinen Nuance noch präzisieren können, was gemeint ist, sei an einigen Beispielen gezeigt:

Dies ist	*augenscheinlich*	*ein neuer Ton.*
Dies ist	*durchaus*	*ein neuer Ton.*
Dies ist	*wohlgemerkt*	*ein neuer Ton.*
Dies ist	*anscheinend*	*ein neuer Ton.*
Dies ist	*schlichtweg*	*ein neuer Ton.*
Dies ist	*sicherlich*	*ein neuer Ton.*
Dies ist	*gewissermaßen*	*ein neuer Ton.*
Dies ist	*sogar*	*ein neuer Ton.*
Dies ist	*allerdings*	*ein neuer Ton.*

Die kleinen Wörtchen, die als überflüssige Füllsel Thema dieses Kapitels sind, dürfen nicht verwechselt werden mit jenen unscheinbaren Wörtern, die in der folgenden Statistik erfasst sind: Hinter ihrem nichtssagenden Äußeren verbergen sich anerkannte Leitfiguren unseres Denkens und Sprechens.

Wortwahl – Wahl kommt von »wählen«

Die 100 häufigsten Wörter der deutschen Sprache

(Helmut Meier)

in
der
und in
zu den
das nicht
von sie ist
des sich mit
dem dass er
es ein ich auf
so eine auch als
an nach wie im für
man aber aus durch
wenn nur war noch
werden bei hat wir was
wird ein einen welche
sind oder um haben einer
mir über ihm diese einem
ihr uns da zum zur kann
doch von dieser mich ihn du
hatte seine mehr am denn
nun unter sehr selbst schon hier
bis habe ihre dann ihnen seiner
alle wieder meine Zeit gegen vom ganz
einzelnen wo muss ohne eines können sei

Die meisten von ihnen strukturieren auf leise Art unsere Gedanken und beanspruchen zu Recht ihren Platz auf dem Papier.
Skeptisch sollte man jedoch werden bei so nichtssagenden Füllwörtern wie:

echt
voll
einfach
freilich
irgendwie

Besonders kritisch sollte man auch bei Kandidaten sein, deren Informationsgehalt sich auf Anhieb wohl den meisten Lesern nicht so leicht erschließt, beispielsweise bei:

gar
immerhin
allenthalben
gemeinhin
schlussendlich

Nichtssagende Füllwörter sind zu vermeiden.

So nicht:	Aber so:
Das ist aber nett von Ihnen.	Das ist nett von Ihnen.
Das hätte ich wirklich nicht gedacht.	Das hätte ich nicht gedacht.
Den kürzesten Weg zu finden, war denkbar einfach.	Den kürzesten Weg zu finden, war einfach.

Aufgabe 9

So wie es vielsilbige Wörter gibt, die sehr wenig sagen, so gibt es auch einsilbige von unendlicher Bedeutung. (Lichtenberg)

Streichen Sie die nichtssagenden Füllwörter:

a. Sie haben eben recht.
b. Es gefällt uns in der Tat sehr.
c. Was soll ich überhaupt hier?

Wortballast – »Wat jestrichen is, kann nich durchfalln.« (Tucholsky)

Die Brille *(Christian Morgenstern)*

Korf liest gerne schnell und viel;
darum widert ihn das Spiel
all des zwölfmal unerbetenen
Ausgewalzten, Breitgetretnen.

Meistens ist in sechs bis acht
Wörtern völlig abgemacht,
und in ebensolchen Sätzen
lässt sich Bandwurmweisheit schwätzen.

Es erfindet drum sein Geist
Etwas, was ihn dem entreißt:
Brillen, deren Energieen
Ihm den Text – zusammenziehen.

Beispielsweise dies Gedicht
Läse, so bebrillt, man nicht!
Dreiunddreißig seinesgleichen
gäben erst – Ein – Fragezeichen!!

Dabei sein ist alles – scheint der Leitspruch vieler Wörter zu sein, und wir erfüllen ihnen diesen Wunsch allzu gern. Unsere Einladungsliste ist lang, und sie sagen selten ab. Da bleibt es nicht aus, dass auf unseren Schriftstücken mancher Statist keinen eigenen Text hat und mancher Satz merkt, dass die anstehende Arbeit auch – und vielleicht besser – mit weniger Wörtern zu schaffen gewesen wäre. Doch dann ist es zu spät. Es gibt kein Zurück mehr, wenn unsere Mitteilung den Leser erreicht hat.
Da hilft nur eines: vorher weniger Wörter zulassen! Jede entbehrliche Silbe sollte zu Hause bleiben; und wenn wir ihre Entbehrlichkeit erst später bemerken, sollten wir den Mut haben, sie fortzuschicken; denn **»Wat jestrichen is, kann nich durchfalln.«** (Tucholsky)
Vor allem bei zwei Gelegenheiten ist besondere Aufmerksamkeit gefordert: bei **Tautologien** (auch als **Pleonasmus** bekannt) und bei **umständlichen Formulierungen.**
Die erste Gruppe lässt sich recht leicht durchschauen. Es handelt sich um jene Fügungen, die einen Sachverhalt **doppelt** wiedergeben, beispielsweise:

die persönliche Anwesenheit
die erste Priorität
die besonderen Extras
das chaotische Durcheinander
das äußerste Extrem

Keine dieser Fügungen würde an Inhalt verlieren, wenn das jeweilige Substantiv ohne Adjektiv aufträte, weil dieses dasselbe sagt.
Dies gilt auch für Verdoppelungen wie:

Rückerstattung
Herabminderung
Zukunftsprognose
Eigeninitiative
Einzelindividuum

Diese Wörter könnten ohne Sinnänderung gekürzt werden zu

Erstattung, Minderung, Prognose, Initiative und *Individuum.*

Was *bereits schon* gesagt ist, ist *bereits* gesagt oder *schon* gesagt. *Das allermeiste* ist nicht mehr als *das meiste*, und wer *leider* schreibt, kann getrost auf die Wiederholung *zu meinem Bedauern* verzichten.
Doppelte Mitteilung ist aufdringliche Mitteilung; der Leser braucht solche Nachhilfestunde in der Regel nicht. Wir sollten also zunächst damit anfangen, **Wiederholungen** rechtzeitig zu entlarven. Beginnen wir gleich, indem wir im vorigen Satz das Adverb *zunächst* streichen, da es schon im Verb *anfangen* enthalten ist.
Im Einzelfall gibt es aber Tautologien, die etwas hervorheben, beispielsweise *immer und ewig* oder *einzig und allein.* Diese haben natürlich ihre uneingeschränkte Daseinsberechtigung.
Anders verhält es sich bei breitgetretenen Verben wie:

vorprogrammieren
fortentwickeln
zusammenaddieren
weiter fortfahren
kontrovers diskutieren

und bei alten Bekannten wie:

weißer Schimmel
schwarzer Rappe
kleiner Zwerg
großer Riese
alter Greis

Übrigens klagte schon Goethe: *Getretner Quark wird breit, nicht stark ...*

Sie alle sind um die Hälfte zu kürzen.
So leicht geben sich die entbehrlichen Wörter allerdings nicht immer zu erkennen. Oft verstecken sie sich geschickt in der Menge, und wir müssen sie gezielt

suchen, um uns konsequent von ihnen trennen zu können.

Ich leugne nicht, dass es manchmal keine Kleinigkeit ist, solche Korrekturen vorzunehmen. Nach kurzer Überprüfung steht jedoch fest, dass diese 12 Wörter mit 24 Silben sich ohne Verlust auf 9 Wörter mit 17 Silben verkürzen lassen: *Ich leugne nicht, dass solche Korrekturen manchmal Mühe machen.*

Der neu entstandene Satz hat außer der Kürze auch noch eine weitere Eigenschaft: Er ist prägnanter. Hier bemühen sich 16 Wörter mit 28 Silben um die Gunst des Lesers, während 10 Wörter mit 15 Silben denselben Inhalt haben: *Der neue Satz ist nicht nur kürzer, sondern auch prägnanter.*

Wer meinen sollte, dass diese Beispielsätze seltene Ausnahmen seien, der irrt. Durch Überarbeitung werden 3 Wörter und 8 Silben überflüssig: *Wer diese Beispielsätze für Ausnahmen hält, der irrt.*

Auch in dieses Buch haben sich gewiss einige entbehrliche Wörter eingeschlichen, die hiermit in aller Form den Leser um Entschuldigung bitten.

Wie man sieht, gilt die alte Schulweisheit noch immer:

In der Kürze
liegt die Würze.

In neuerem Gewand heißt sie:

So wenig wie möglich,
so viel wie nötig.

Dies sei noch einmal an zwei Beispielen veranschaulicht:

Ich erlaube mir, Ihnen den Vorschlag zu machen, dass Sie Ihre Wortwahl auf ihre Stringenz überprüfen.

Dieser Satz mit 16 Wörtern lässt sich unschwer auf 8 Wörter kürzen: *Sie sollten Ihre Wortwahl auf ihre Stringenz prüfen.*

Wer mit 20 Wörtern sagt, was man auch mit 10 Wörtern sagen kann, ist auch zu allen andern Schlechtigkeiten fähig. (Carducci)

Wem dies zu direkt klingt, der kann sich auch für eine mittlere Variante mit 10 Wörtern entscheiden: *Ich empfehle Ihnen, Ihre Wortwahl auf ihre Stringenz zu prüfen.*
Es ist notwendig, auf die Tatsache hinzuweisen, dass ein Text angenehm zu lesen sein soll. Auch dieser Satz mit 15 Wörtern lässt sich angenehmer lesen, wenn er auf 7 Wörter gekürzt wird: *Ein Text soll angenehm zu lesen sein.*

Von unnötigem Wortballast sollte man sich trennen.

So nicht:	Aber so:
Es kann möglich sein, dass wir uns verspäten.	Es ist möglich, dass wir uns verspäten.
Das Haus wurde gerade neu renoviert.	Das Haus wurde gerade renoviert.
Ich möchte ohne Umschweife sagen, dass mir der Text gefällt.	Der Text gefällt mir.

Aufgabe 10

Kürzen Sie die Sätze – ohne inhaltliche Einbuße:

a. Wir erwarten Ihre Rückantwort.
b. Ihre gemachten Ausführungen haben wir mit Interesse gehört.
c. Ein Fachmann unseres Installationsbetriebes wird am Montag in der Frühe gegen 8 Uhr an Ihrer Haustür klingeln.

Übertreibungen – Effekthascherei ohne Effekt

Wie im vorigen Kapitel empfohlen, sollte man seine Gedanken nicht aufwendig formulieren, wenn sparsamere Ausdrucksmöglichkeiten bereitstehen.
Da liegt es nun nahe, bei besonderer Wichtigkeit einer Sache eine Sprachform zu wählen, wie sie die höchste Steigerungsstufe des Adjektivs, der **Superlativ,** mit seiner Endsilbe zur Verfügung stellt, beispielsweise

*schön – schöner – am schön***sten.**

Hiergegen ist wahrlich nichts einzuwenden, und so haben Sätze wie die folgenden ihren berechtigten Platz in geschriebenen Texten:

*Der Campo in Siena ist am eindrucksvoll***sten,** *wenn man seine Atmosphäre an einem langen Sommerabend genießen kann.*
*Sfumato nennt man jene Besonderheit in der Toskana, die bei bestimmtem Wetter die Umrisse der Landschaft verschwimmen lässt und alle Farben in zarte***ste** *Töne wandelt.*
*Viele Künstler haben für Florenz Werke von höch***stem** *Rang geschaffen.*

Superlative sind geeignet, um mit ihrer Endung **Intensität** zu erzeugen, beispielsweise:

beim besten Willen
mit innigsten Wünschen
in tiefster Trauer
auf kürzestem Wege
bei geringstem Verdacht

In unseren Tagen wird der Superlativ jedoch vermehrt auch bei Wörtern eingesetzt, die sich vom Sinn her gar nicht steigern lassen, beispielsweise:

in keinster Weise
das einzigste Problem
das optimalste Verfahren
der maximalste Einsatz
die verschiedensten Merkmale

Bei dem ersten Beispiel *in keinster Weise* kann man zwar streiten, ob diese inhaltlich unsinnige Steigerung im Einzelfall stilistisch nicht doch angemessen sein kann, wenn man nämlich etwas überdeutlich unterstreichen möchte. Bei allen anderen Beispielen handelt es sich jedoch um **Effekthascherei** ohne Effekt. Und solche Art der **Übertreibung** sollte man vermeiden.
Es gibt übrigens noch viele andere Wörter, die man nicht steigern kann; sie aber lassen wir in Ruhe, beispielsweise

unsterblich, unaussprechlich, kinderlos, appetitlos, unauffindbar.
Und noch zwei andere sprachliche Unarten sind im Vormarsch, die wir möglichst nicht unterstützen sollten:
Zum einen reicht es uns offensichtlich nicht, eine Sache emphatisch darzustellen, nein, sie muss sprachlich dramatisiert werden. So wird beispielsweise

eine Schau	*zur*	**Mega***schau*
ein Gewinn	*zum*	**Maxi***gewinn*
ein Rekord	*zum*	**Ultra***rekord*
ein Angebot	*zum*	**Super***angebot*
eine Preissenkung	*zur*	**Hyper***preissenkung*

Zum anderen wird zunehmend eine früher als grammatisch inkorrekt angesehene Wortstellung zur Steigerung eingesetzt, beispielsweise:

Glück pur
Entspannung sofort
Urlaub aktiv
Geschmack total
Frühstück satt

Spitzenreiter hierbei ist zurzeit das Wörtchen *pur*, das nachgestellt eine gewisse Einzigartigkeit ins Spiel bringen soll wie bei *Neugier pur – Traum pur – Sommer pur.*

Schade, dass schlichte Möglichkeiten der **Verstärkung** so selten genutzt werden wie beispielsweise Wörter, die eine Steigerung anzeigen können, ohne gleich aufzutrumpfen:

auffallend (geräumig)
überaus (wirksam)
äußerst (bequem)
erheblich (vergrößern)
reichlich (belohnen)

Steigerungen ohne Augenmaß überzeugen nicht.	
So nicht:	**Aber so:**
Sie zeigten uns die unterschiedlichsten Modelle.	Sie zeigten uns die unterschiedlichen Modelle.
Die perfekteste Idee fehlt.	Die perfekte Idee fehlt.
Das Buch ist Spannung pur.	Das Buch ist äußerst spannend.

Aufgabe 11

Korrigieren Sie die unpassenden Übertreibungen:

a. Die idealste Lösung finden wir vielleicht später.
b. Es war der totalste Zusammenbruch.
c. Dies war ein Super-GAU.

Amtsdeutsch – staubtrockene Präzision

Nach so vielen Aufforderungen, die Sprache zu kontrollieren, müsste solcher Text guttun: solide Sätze mit differenzierter Wortwahl.

> *BGB § 885 [Voraussetzung für die Eintragung der Vormerkung]*
> *(1) Die Eintragung einer Vormerkung erfolgt auf Grund einer einstweiligen Verfügung oder auf Grund der Bewilligung desjenigen, dessen Grundstück oder dessen Recht von der Vormerkung betroffen wird. Zur Erlassung der einstweiligen Verfügung ist nicht erforderlich, dass eine Gefährdung des zu sichernden Anspruchs glaubhaft gemacht wird.*
> *(2) Bei der Eintragung kann zur näheren Bezeichnung des zu sichernden Anspruchs auf die einstweilige Verfügung oder die Eintragungsbewilligung Bezug genommen werden.*

Hier steht bestimmt kein Wort zu viel. Wer die Sätze nicht auf Anhieb verstanden haben sollte, kann sie ja in Ruhe noch einmal lesen. Denn das ist der Vorteil des geschriebenen Satzes: Man kann sich ausführlich mit ihm beschäftigen, da er dauerhaft zur Verfügung steht. Der interessierte Leser von § 885 BGB wird allerdings wohl nicht so schnell davonkommen, da sicherlich auch erneutes Lesen noch nicht alle Verständnisschwierigkeiten löst. Woran liegt das? Alle Wörter sind deutsch, alle Wörter stehen im *Duden*, aber – bei ihrer Auswahl scheint es sich um die Sieger im

Wortsparwettbewerb gehandelt zu haben. Erfolgsaussichten hatte offensichtlich das Team, das mit besonders wenigen Teilnehmern besonders viel Inhalt bot. Wer die vorigen Kapitel gelesen hatte, wusste, woran er war, und intensives Training brachte ihn ins Finale. Da stehen die Wörter nun und lassen sich bewundern. Heiter und gelöst wirken sie allerdings nicht; die harte Arbeit hat Spuren hinterlassen. Doch die außerordentliche Leistung entschädigt sie für manche Entbehrung. Seit Langem sind Behördenvertreter auf sie aufmerksam geworden, und am Ende ihrer Laufbahn erwartet viele von ihnen eine Anstellung in einer deutschen Amtsstube. Dort ist ihre Fähigkeit zur Selbstdisziplin gefragt; dort stehen sie ganz im Dienst der öffentlichen Sache, die vor allem für Gesetzbücher prägnante Kürze braucht, ohne Rücksicht auf den lesenden Laien.
Um nicht missverstanden zu werden: In behördlichen und juristischen Texten hat das sogenannte **Amtsdeutsch** mit seiner **Sachlichkeit** und **Genauigkeit** durchaus seine Berechtigung. Auch wenn man sich als Bürger gelegentlich fragt, ob man denselben Inhalt nicht auch etwas verständlicher ausdrücken könnte, fordern solche Texte nun einmal eine Sprache, deren Steifheit und Pedanterie diesen Zweck erfüllen.
Für uns im Alltag gilt dies alles aber nicht. Da ist kein Platz für schwerfällige **Schreibtischwörter** wie:

ansonsten
bezüglich
derselbige
vorbehaltlich
anlässlich

Die meisten von ihnen lassen sich durch kleine Änderungen zu natürlichen Wendungen umwandeln, beispielsweise:

Aufgrund meiner vorzeitigen Rückkehr rufe ich sie heute schon an. ⇨ *Da ich schon vorzeitig zurückgekehrt bin, rufe ich Sie heute schon an.*

Zwecks Erweiterung unseres Gartens müssen wir den Zaun versetzen. ⇨ *Weil wir unseren Garten erweitern wollen, müssen wir den Zaun versetzen.*

Wie man sieht, wurden bei der Auflösung der bürokratischen Formulierungen zwar einige Wörter zusätzlich benötigt; aber der Stil ist doch wohl flüssiger geworden. – Oder?

Natürliche Formulierungen haben Vorrang.

So nicht:	Aber so:
Viele Bürger interessieren sich für die Vorschläge zur Bewältigung der Krise.	Viele Bürger interessieren sich für die Vorschläge, wie man die Krise bewältigen kann.
Obiges Thema beschäftigt alle sehr.	Dieses Thema beschäftigt alle sehr.
Diesbezügliche Anfragen liegen bereits vor.	Anfragen zu diesem Thema liegen bereits vor.

Aufgabe 12

Glätten Sie die spröden Formulierungen der folgenden Sätze:

a. Anlässlich meiner Rundreise durch das Land konnte ich mir ein genaueres Bild machen.
b. Hinsichtlich Ihrer Reaktion sind wir überrascht.
c. Hunde beziehungsweise Katzen sind hier beliebt.

Umgangssprache – nur zum Würzen geeignet

Vater: Hast du heute Nachmittag was vor?
Sohn: Nee, wieso?
Vater: Du bist so schön groß. Ob du vielleicht mal im Garten …
Sohn: Ich weiß schon – ich soll wohl wieder die letzten Äpfel runterholen, bevor sie vergammeln.
Vater: Hm – du würdest jedenfalls deiner Mutter einen großen Gefallen tun.
Sohn: Na ja, Boss, weil ihr's seid. Übrigens, brauchst du heute Abend dein Auto?

Wollen wir uns vor Infektionen durch Papierdeutsch schützen, so können wir mit einem harmlosen Mittel vorbeugen, das aus der Umgangssprache gewonnen wird. So wie

Medizin in kleinen Mengen hilft, in großen aber schadet, eignet sich die Spontaneität der gesprochenen Sprache dazu, uns gegen trockene Amtssprache zu immunisieren. Schon eine kleine Portion genügt, um für die nötige Durchblutung zu sorgen und Versteifungen zu verhindern. Mit der Dosierung sollte man es allerdings sehr genau nehmen, damit keine unerwünschten Nebenwirkungen auftreten. Es ist zwar unmöglich, ein festes Maßsystem anzugeben, an dem wir im Einzelfall die erlaubten Mengen ablesen können. Aber wir haben guten Grund, uns wieder auf unser natürliches Sprachgefühl zu verlassen, das sich in täglicher Gesprächs- und Leseerfahrung bildet. Es wird uns intuitiv den Unterschied erkennen lassen zwischen den unsichtbaren **Stilebenen,** wie sie beispielsweise an folgenden Wortpaaren ablesbar sind:

mies – *schlecht*
egal – *gleichgültig*
blöd – *dumm*
dreckig – *unsauber*
todschick – *chic*

Memme – *Feigling*
Moneten – *Geld*
Kuddelmuddel – *Durcheinander*
Dusel – *Glück*
Radau – *Lärm*

kriegen – *bekommen*
plumpsen – *fallen*
pennen – *schlafen*
vermasseln – *zunichtemachen*
schmeißen – *werfen*

Dass die Grenzen zwischen den Stilebenen fließend sind, sei an zwei Beispielen gezeigt, die man wohl nicht so eindeutig zuordnen kann:

flitzen: Liegt *flitzen* auf derselben Stilebene wie *sausen* und drückt es dabei ein schnelleres Tempo aus? Oder ist es salopper als *sausen* und damit eine umgangssprachliche Alternative?

blitzblank: Ist *blitzblank* eine anschaulich-intensive Variante zu *blank* oder drückt es dasselbe nur etwas flotter aus?

Wie dem auch sei, ein Portiönchen **Umgangssprache** kann oft Leben in einen Text bringen, beispielsweise:

Der Klassenlehrer war sehr erschrocken, als am Mittagstisch in der Jugendherberge zwei Schülerinnen fehlten. Er hastete durch die Flure, schaute in jeden Raum, bis er schließlich die beiden Mädchen entdeckte, die **quietschvergnügt** *auf ihrem Bett saßen.*

Wenn wir diese Sätze lesen, sehen wir die beiden Mädchen nicht nur zeitvergessen auf ihrem Bett sitzen, sondern durch das Wort *quietschvergnügt* hören wir auch, wie sie lachend ihre kleinen Geheimnisse austauschen. Dies ist kein **Stilbruch,** sondern ein Stück Wirklichkeit, die man mit den Sinnen wahrnehmen kann.
Ähnlich auch in folgendem Text:

Bei der Vorbereitung unseres Messestandes gilt unsere bewährte Leitlinie: Produktbezogen soll alles sein. Wir wollen das Publikum auf seriöse und professionelle Weise ansprechen. Jeglicher **Schnickschnack** *ist fehl am Platze.*

Seriös soll es also zugehen. Da hat *Schnickschnack* wirklich nichts zu suchen. Die Erwähnung dieses umgangssprachlichen Wortes unterstützt diese Sachaussage durch ein wenig Farbe. Man sieht als Leser vor seinem inneren Auge allerlei »nutzlosen Kleinkram« unter den Auslagen liegen und stellt dann fest: Der gehört nicht auf einen professionellen Messestand.
Wie man an den Beispielen erkennt, kann eine Prise Umgangssprache einen Text durchaus *würzen*. Man muss sich nur davor hüten, ihn zu versalzen; aber meist spürt man einfach, wann die Dosierung stimmt.
In einigen Fällen scheint unser Sprachgefühl allerdings etwas abgestumpft zu sein. Anders ist es nicht zu erklären, dass wir manchmal einen Vorschlag als *tierisch gut*

Stilfehler sollte man in fremden Schriften entdecken, um sie in den eigenen zu vermeiden. (Schopenhauer)

oder *klasse* bezeichnen und wir nichts dagegen einzuwenden haben, eine Veranstaltung *wahnsinnig aufregend* oder *irre interessant* zu finden.
Zu solchen Problemwörtern gehört auch die Gruppe, die wir bereits als **Füllsel** kennengelernt haben (vgl. Seite 45ff.). Solche modischen Möchtegernwörter machen sich nämlich zunächst in der Umgangssprache breit, bevor sie versuchen, zum Allgemeingut zu werden. Einige von ihnen seien noch nachgetragen, beispielsweise:

krass
cool
ätzend
trendy
hip

Und noch andere Bekannte, die **Schablonen** (vgl. Seite 38ff.), seien an dieser Stelle in Erinnerung gerufen. Auch sie sichern sich zunächst im informellen Geplauder ihr Terrain, bevor sie in Richtung Papier streben, beispielsweise:

Man gönnt sich ja sonst nichts.
Das mach ich mit links.
Damit hab ich nichts am Hut.
Da schalte ich auf stur.
Darauf kann ich gern verzichten.

Ihnen allen sollten wir den Weg zur **Schriftsprache** erschweren.
Dasselbe gilt auch für eine weitere Gruppe, die wir von Zeit zu Zeit als umgangssprachliche **Kürzel** zulassen wie beispielsweise:

Info	(statt	*Information*)
Promi	(statt	*Prominenter*)
Reha	(statt	*Rehabilitation*)
Quali	(statt	*Qualifikation*)
Demo	(statt	*Demonstration*)

Einige von ihnen sind zwar schon längst salonfähig geworden, beispielsweise

Krimi	(statt	*Kriminalroman/-film*),
Zivi	(statt	*Zivildienstleistender*),
Azubi	(statt	*Auszubildender*);

ob sie dadurch aber als angemessen zu bezeichnen sind, wäre noch zu untersuchen.

Die echte Kürze des Ausdrucks besteht darin, dass man überall nur sagt, was sagenswert ist. (Schopenhauer)

Auch in zwei weiteren Fällen setzt unsere natürliche Sprachbegabung gelegentlich aus:
Dass wir manchmal sprechfaul sind und aus Bequemlichkeit ganze Silben fortlassen, ist im Eifer eines Gesprächs ja keine Seltenheit. Dass wir solche **Kurzformen** jedoch auch schreiben, ist kaum zu akzeptieren.
So entscheiden wir uns manchmal für amputierte Adverbien wie

drunter, raus, drin,

statt sie in ihrer vollständigen Form einzusetzen, nämlich

darunter, heraus, darin.

Außerdem trennen wir gern Adverbien wie

dafür, davon, dazu

und setzen ihre Teilstücke dann gesondert ein, beispielsweise:

Da *kann ich nichts* **für.**	statt:	**Dafür** *kann ich nichts.*
Da *sieht er nichts* **von.**	statt:	**Davon** *sieht er nichts.*
Da *sagt sie etwas* **zu.**	statt:	**Dazu** *sagt sie etwas.*

Wir sollten also die Vorzüge des Mündlichen nutzen, ohne den Blick für das rechte Maß zu verlieren.

Umgangssprachliche Ausdrücke dürfen einen Text würzen, nicht aber versalzen.	
So nicht:	**Aber so:**
Es war uns schnuppe, wie viel Zeit wir benötigten.	Es war uns gleichgültig, wie viel Zeit wir benötigten.
Sie erinnerten sich, schon mal Ähnliches gesehen zu haben.	Sie erinnerten sich, schon einmal Ähnliches gesehen zu haben.
Sie liefen lange rum, bis sie etwas Passendes fanden.	Sie suchten lange, bis sie etwas Passendes fanden.

Aufgabe 13

Überarbeiten Sie den allzu lockeren Stil:

a. Ihre Manteltasche ist kaputt.
b. Obwohl schon etwas rausgefallen war, konnte sie das noch nicht ändern.
c. Da hatte sie nämlich keine Zeit zu.

Nachlässigkeiten – von Wörtern und Worten

> Wer nachlässig schreibt, legt dadurch zunächst das Bekenntnis ab, dass er selbst seinen Gedanken keinen großen Wert beilegt. Denn nur aus der Überzeugung von der Wahrheit und Wichtigkeit unserer Gedanken entspringt die Begeisterung, welche erforderlich ist, um mit unermüdlicher Ausdauer überall auf den deutlichsten, schönsten und kräftigsten Ausdruck derselben bedacht zu sein – wie man nur an Heiligtümer oder unschätzbare Kunstwerke silberne oder goldene Behältnisse wendet.
> (Schopenhauer)

Auch wenn wir nicht so streng über unsere Nachlässigkeiten urteilen müssen wie seinerzeit Schopenhauer, so sollten wir doch für uns selbst die Messlatte für einen gelungenen Text nicht so niedrig hängen. Wir sollten zwar versuchen, Nachlässigkeiten in einem fremden Text mit Nachsicht zu begegnen, sie in unseren eigenen Texten dagegen möglichst gar nicht erst zuzulassen.
Das Wissen, dass sie sich trotzdem nicht verhindern lassen (der geneigte Leser möge ihre Anwesenheit auch in diesem Buch mit Milde dulden), sollte uns jedoch nicht

davon abhalten, uns mit Nachdruck um ihre Vermeidung zu bemühen.
Daher ist es hilfreich, sich einige bekannte Glatteisstellen bewusst zu machen, damit wir nicht auf ihnen ausrutschen. Hier eine kleine Auswahl:

1) Wie im vorigen Kapitel gezeigt, neigen wir im Mündlichen dazu, Silben auszulassen wie bei der **Verkürzung** von *darunter* zu *drunter*. Zum Papier dürfen auch andere Verschleifungen keinen Zutritt bekommen. »Verboten« sind also Unachtsamkeiten wie:

noch mal	statt	*noch einmal*
erst mal	statt	*erst einmal*
wieder mal	statt	*wieder einmal*
so was	statt	*so etwas*
was Nettes	statt	*etwas Nettes*

Auch die künstlichen **Worttrennungen** haben leider zu modifizierten Nachahmungen angeregt, die auf die »Rote Liste« gehören, beispielsweise:

Sie wissen, **auf was** *es ankommt.*
statt: *Sie wissen,* **worauf** *es ankommt.*
Sie sehen, **mit was** *er sich beschäftigt.*
statt: *Sie sehen,* **womit** *er sich beschäftigt.*
Sie erfahren, **über was** *wir nachdenken.*
statt: *Sie erfahren,* **worüber** *wir nachdenken.*

Ein einziges Wort ist in der Regel eben oft treffender als zwei Wörter.

2) Das letzte Wort des vorigen Satzes liefert das Stichwort für einen weiteren Fehlgriff, der recht verbreitet ist. Im Deutschen gibt es nämlich zwei **Pluralformen** zum Substantiv **Wort:** die *Wörter* und die *Worte*. Beide Formen haben jedoch ein völlig anderes Anwendungsgebiet.

Wörter meinen einzelne Wörter, wie sie ohne inneren Zusammenhang im Wörterbuch stehen, beispielsweise:

Es ist leicht, im Wörterbuch schnell die richtigen Wörter zu finden.

Worte dagegen meinen eine zusammenhängende Wortgruppe, mit der jemand Gedanken oder Gefühle ausdrücken möchte, also einen Satz wie *Deine Worte haben den Kern getroffen* oder den Satz, den Goethe in seiner *Iphigenie auf Tauris* Thoas in den Mund legt: *Ihr sprecht ein großes Wort gelassen aus.*
Ähnlich strukturierte Fälle bereiten uns allerdings keine Schwierigkeiten, beispielsweise der doppelte Plural von **Strauß, Band** und **Bank** in Sätzen wie:

Diese Vase eignet sich für kleine **Sträuße.**
aber: **Strauße** *sind stolze Vögel.*
Bunte **Bänder** *wehen im Wind.*
aber: *Familien***bande** *sind stark.*
Die **Bänke** *dort laden zum Ausruhen ein.*
aber: *Die* **Banken** *sind sonntags geschlossen.*

Aber ein anderer Fall lässt uns manchmal stutzen. Heißt es nun **hin** oder **her,** wenn wir eine Bewegungsrichtung ausdrücken wollen? Dieses Problem ist gar nicht so kompliziert, wie es scheinen mag:

Hin kennzeichnet die Bewegung von uns weg.
Her kennzeichnet die Bewegung zu uns her.

So heißt es dann:

Lasst uns doch einfach hingehen.
aber: *Kommen Sie doch bitte zu uns her.*

Aus dem Englischen haben wir einen Ausdruck übertragen, der zwar in seiner deutschen Fassung nicht falsch ist, aber wenig **Sinn macht.**
Warum nur begnügen wir uns nicht mit einer klaren Formulierung wie:

Es ist sinnvoll.
Es ergibt Sinn.

Stattdessen bürgern wir ohne Grund das englische *to make sense* bei uns ein, ohne erklären zu können, inwiefern dadurch unsere Sprache bereichert wird. Zumindest eine kleine Besonderheit müsste zu erkennen sein, wenn solche Übernahme willkommen sein soll (vgl. Seite 24). Fast hätte der letzte Satz einen ärgerlichen Fehler enthalten, wenn nämlich **zumindest** zu *zumindest***ens** mutiert wäre. Im Mündlichen geschieht dies gelegentlich, da wir es unbewusst an *mindest***ens** angleichen. Ein aufmerksamer Schreiber sollte aber die korrekte Wortform wählen.

3) Und dann ist da noch die Partikel **zu.**

Wir wissen zwar, dass für die Verbindung eines Verbs mit **müssen, können** und **dürfen** kein *zu* benötigt wird, beispielsweise:

Wir müssen uns entscheiden.
Wir können uns entscheiden.
Wir dürfen uns entscheiden.

Es ist auch eine Selbstverständlichkeit für uns, bei dem Zusammenspiel von **versuchen** mit einem anderen Verb das kleine Wörtchen *zu* einzufügen, beispielsweise:

Wir versuchen zu verstehen, warum dies so ist.

Nur bei **brauchen** tun wir uns oft schwer, obwohl wir schon in der Schule gelernt haben, dass wir »*brauchen* immer mit *zu* gebrauchen« müssen, beispielsweise:

Ich brauche nur den Knopf **zu** *drücken.*

Und wenn wir nachlässig schreiben, kann es uns sogar passieren, dass sich eine umgangssprachliche Wendung bei uns einschleicht wie:

Das Fenster **geht** *nicht* **zu** *öffnen.*
statt: *Das Fenster lässt sich nicht öffnen.*

Da entschuldigt uns auch nicht, dass wir sie ordnungsgemäß mit *zu* konstruieren; dadurch wird der Stil nicht eleganter.

Wei gtu, dsas dre Cumpoter nchalissäges Shcrienbe frü dne Bnuzteer knenziechten.

Nachlässiges Schreiben ist schlechtes Schreiben.

So nicht:	Aber so:
Wir möchten Ihnen was Interessantes mitteilen.	Wir möchten Ihnen etwas Interessantes mitteilen.
Zumindestens halten wir beide es für interessant.	Zumindest halten wir beide es für interessant.
Es macht keinen Sinn, es Ihnen vorzuenthalten.	Es ist nicht sinnvoll, es Ihnen vorzuenthalten.

Aufgabe 14

Korrigieren Sie die Nachlässigkeiten:

a. Endlich finden wir, nach was wir gesucht haben.
b. So was Schönes suchten wir schon lange.
c. Jetzt brauchen wir nur noch zugreifen.

Eignung – erst prüfen, dann entscheiden

Wie auf Seite 10 ausgeführt, schicken wir beim Schreiben unsere Gedanken zum Leser. Sie kommen dort unversehrt an, wenn er die Sprachzeichen in die konkreten und abstrakten Gegenstände zurückverwandeln kann, die wir mit ihnen gemeint haben.
Zu diesem Thema möchten die folgenden Kapitel einige Anregungen geben.

Verben – Atemluft für Gedanken

Anschaulichkeit – für das innere Kino
Wer anders sollte bei diesem Thema zuhören als die Verben? Keine Wortart steckt so voller Leben wie jene unzähligen Namen für **Bewegungen,** von *gleiten* und *zittern* bis *stürzen* und *beben.*
Wenn wir **anschaulich** schreiben möchten, müssen wir möglichst viele von ihnen als Mitarbeiter gewinnen. Falls dies misslingt, verlieren die meisten Leser bald das Interesse an der Lektüre und lesen nur widerwillig zu Ende.

Erstaunlicherweise sind die begehrten Verben in der heutigen Zeit recht bequem. Einige ziehen sich schnell zurück, wenn sich ein **Substantiv** vordrängelt und vorgibt, dieselbe Arbeit zu erbringen, beispielsweise in folgenden Sätzen:

> *Trotz der* **Proteste** *der Anwohner wurde die Zufahrt zum Grundstück verlegt.*
> statt:
> *Obwohl die Anwohner* **protestierten,** *wurde die Zufahrt zum Grundstück verlegt.*

Die *Proteste* (in der Form eines Substantivs) nimmt man zwar zur Kenntnis; das *Protestieren* (in der Form eines Verbs) kann man aber mit den inneren Sinnen erleben. Die Buchstaben nehmen Gestalt an: In der Vorstellung hört man die erregten Kommentare und sieht die empörten Gesichter.

> *Nach* **Fertigstellung** *der Gartentreppe kann mit der* **Verlegung** *der Platten auf der Terrasse begonnen werden.*
> statt:
> *Nachdem die Gartentreppe* **fertiggestellt ist,** *können die Platten auf der Terrasse* **verlegt werden.**

Die Substantive des ersten Satzes haben allen Grund, bescheidener aufzutreten, da sich ein langer Satz mit einem einzigen Verb keineswegs neben einem Satzgefüge mit zwei Verben sehen lassen kann.

Andere Verben überlassen sogar manchmal einem **Hilfsverb** das Feld, das sich dann zusammen mit einem **Substantiv** oder einem **Adjektiv** als Prädikat abrackert. So ist später beispielsweise zu lesen:

Der Baustellenleiter **ist der Verantwortliche** *für die Richtigkeit der Angaben.*
statt:
Der Baustellenleiter **trägt die Verantwortung** *für die Richtigkeit der Angaben.*

An solchem Satz wird erkennbar, wie leblos ein Prädikat ohne ein anschauliches Verb wirkt, ebenso im folgenden:

Das Geräusch der Säge **ist laut.**
statt:
Die Säge **kreischt** *laut.*

Es gibt auch Verben, die ihren Platz zeitweise für **Vertreter aus ihren eigenen Reihen** räumen, ohne zu merken, dass sie damit die Anschaulichkeit des Satzes schmälern, beispielsweise:

Der Architekt ließ **verlautbaren,** *dass der Auftrag keine weiteren Verpflichtungen enthalte.*
statt:
Der Architekt **teilte mit,** *dass der Auftrag keine weiteren Verpflichtungen enthalte.*

Beim Verb *mitteilen* hält sich die Anschaulichkeit zwar sehr in Grenzen; aber gegen das blasse Verb *verlautbaren* ist es schon fast als bunt zu bezeichnen. Ähnliches gilt für den nächsten Satz:

Vertreter des Straßenbauamtes prüfen, ob die Kanalarbeiten noch fristgerecht zu **bewerkstelligen** *sind.*
statt:
Vertreter des Straßenbauamtes prüfen, ob die Kanalarbeiten noch fristgerecht **durchzuführen** *sind.*

Alle Beispiele zeigen, wie wichtig es ist, **aussagekräftige Verben** einzustellen und ihnen die tragende Rolle des Prädikats im Satz anzubieten. Den Versprechungen anderer Wortarten sollten wir nur nach eingehender Prüfung glauben, da sich die meisten bei näherem Hinsehen als untauglich erweisen. Nicht jeder ist eben zum Prinzen geboren, der Dornröschen zum Leben erwecken kann.

Und wie findet man nun anschauliche Verben?
Falls man kein Naturtalent ist, sollte man nicht zu stolz sein, seine Sprachkompetenz ein wenig zu trainieren. Der Rest ergibt sich dann bald von allein.

Welche Verben bietet der deutsche Wortschatz für bestimmte Ereignisse?
Bitte schön:

Welche **Signale** können von den **Augen** ausgehen?
blinzeln
zwinkern
zukneifen
verdrehen
schließen

Welche **Mimik** kann sich im **Gesicht** zeigen?
lächeln
grinsen
erblassen
erstarren
weinen

Welche **Bewegung** kann **Wasser** durchführen?
fließen
rinnen
sprudeln
tropfen
spritzen

Welche **Laute** können durch **Wasser** entstehen?
rauschen
tosen
plätschern
gluckern
brausen

Es donnert, heult, brüllt, zischt, pfeift, braust, saust, summt, brummt, rumpelt, quäkt, ächzt, singt, rappelt, prasselt, knallt, rasselt, knistert, klappert, knurrt, poltert, winselt, wimmert, rauscht, murmelt, kracht, gluckst, röchelt, klingelt, bläst, schnarcht, klatscht, lispelt, keucht, kocht, und: schreien, weinen, schluchzen, krächzen, stottern, lallen, girren, hauchen, klirren, blöken, wiehern, schnarren, scharren, sprudeln. Diese Wörter und noch andere, welche Töne ausdrücken, sind nicht bloße Zeichen, sondern eine Art von Bilderschrift für das Ohr. (Lichtenberg)

Welche **Töne** können **Vögel** erzeugen?
singen
zwitschern
piepen
tirilieren
pfeifen

Welche **Geräusche** kann ein **Motor** hervorrufen?
dröhnen
röhren
brummen
stottern
aufheulen

Für den Fall, dass sich einfach kein energiereiches Verb einstellen will, gibt es einen kleinen Trick: einmal einen anschaulichen **Vergleich** wagen und dessen Bildkraft nutzen, beispielsweise:

Wir arbeiten **wie Profis.**
Sie behandeln uns **wie Freunde.**
Sie freut sich **wie ein kleines Kind.**
Er fühlt sich **bärenstark.**
Wir fahren im **Schneckentempo.**

Solange man solche Stilelemente sparsam einsetzt, können sie einem Satz Frische und Lebendigkeit verleihen.

Was sich durch anschauliche Verben sagen lässt, sollte nicht auf andere Weise formuliert werden.

So nicht:	Aber so:
Die Einweihung des Hauses fand gestern statt.	Das Haus wurde gestern eingeweiht.
Die Anzahl der Gäste war sehr groß.	Zahlreiche Gäste kamen.
Nach launiger Begrüßung der Gäste durch den Hausherrn war das kalte Buffet Treffpunkt für alle.	Nachdem der Hausherr in launiger Rede die Gäste begrüßt hatte, drängten sich alle um das kalte Buffet.

Aufgabe 15

Verändern Sie die Sätze so, dass anschauliche Verben zum Einsatz kommen:

a. Die Unterhaltung der Gäste war lebhaft.
b. Gegen Mitternacht erfolgte die Ankündigung einer »Schlossbesichtigung«.
c. Das Fest endete für die meisten erst spät.

Echtheit – Umschreibungen – wozu?

Einige Verben leiden unter Minderwertigkeitsgefühlen. Sie können sich nämlich nicht damit abfinden, dass sie anderen an Inhalt und Dynamik weit unterlegen sind, und suchen nach Möglichkeiten, diesen Mangel auszugleichen. Sie wissen zwar, dass sie ihr Ziel allein nicht erreichen können, glauben aber, sich in enger Zusammenarbeit mit einem Substantiv das gewünschte Ansehen verschaffen zu können. Sie gehen daher eine dauerhafte Beziehung mit einem Substantiv ein und fühlen sich in ihrem Selbstbewusstsein so gestärkt, dass sie alles daransetzen, sich öffentlich zu zeigen. So kommt es, dass sie, von ihrer Buchstabenfülle geblendet, stolz daherschreiten, ohne den Unterschied zwischen Quantität und Qualität zu bemerken. Beispielsweise sieht die Wortgruppe *ein Angebot machen* keine Veranlassung, dem **echten Verb** *anbieten* Vorrechte einzuräumen, und das knappe Wort *erwägen* kann nichts dagegen unternehmen, wenn sich die Fügung *in Erwägung ziehen* in Positur setzt.
Besonders selbstgefällig spielt sich das Verb *bringen* auf: Allein ist es meist ein Mauerblümchen. In seiner zurückhaltenden Art gewinnt es aber manches Substantiv als Kavalier, und wenn die Beziehung hält, verliert es jegliche gesunde Selbsteinschätzung. Es fühlt sich anerkannt und merkt nicht, dass Verben, die nicht auf ein Substantiv angewiesen sind, in der Regel attraktiver sind, beispielsweise:

einsetzen	statt	*zum Einsatz bringen*
anwenden	statt	*zur Anwendung bringen*
darstellen	statt	*zur Darstellung bringen*
aufschreiben	statt	*zu Papier bringen*
beruhigen	statt	*zur Ruhe bringen*

Genau gemessen, decken sich diese Alternativen zwar nicht hundertprozentig, da die mehrteiligen Fügungen ein klein wenig statischer klingen als das Einzelverb. Wenn wir aber keine sprachphilosophische Dissertation zu schreiben haben, können wir viele der **umständlichen Umschreibungen** getrost durch das plastischere Verb ersetzen, so beispielsweise:

ausführen	statt	*zur Ausführung bringen*
verzichten	statt	*Verzicht leisten*
bekennen	statt	*Bekenntnis ablegen*
abhelfen	statt	*Abhilfe schaffen*
klingeln	statt	*die Klingel betätigen*

Das bisher Gesagte gilt auch für andere schwächliche Verben, etwa für *stellen*, das trotz seiner Verstärkung durch ein Substantiv meist erheblich unprofessioneller wirkt als das souveräne Verb, beispielsweise:

berechnen	statt	*in Rechnung stellen*
beantragen	statt	*einen Antrag stellen*
ansetzen	statt	*in Ansatz stellen*
aushändigen	statt	*zur Verfügung stellen*
bezweifeln	statt	*in Abrede stellen*

Es gibt jedoch auch Fälle, in denen sich Umschreibungen sehr wohl sehen lassen können, weil die entsprechenden Verben einen erkennbar anderen Sinn haben.
Wer beispielsweise eine Neuigkeit *unter die Leute bringt*, steht gleichsam mitten auf dem Marktplatz, und Menschen aus Fleisch und Blut hören ihm zu. Wer dagegen eine Neuigkeit *veröffentlicht*, wählt einen unpersönlichen Weg der Mitteilung, indem er eine Notiz ans Schwarze Brett heftet oder einen Leserbrief an die Zeitung schreibt. Auch *in Bewegung bringen* unterscheidet sich in Nuancen von *veranlassen*. Die Wortgruppe *in Bewegung bringen* betont, dass sich etwas – mit den Sinnen greifbar – ändert, während das Verb *veranlassen* mehr den abstrakten Ursache-Wirkung-Zusammenhang ausdrückt.

Außerdem gibt es auch Fügungen aus einem Verb mit Substantiv, für die gar kein entsprechendes Verb bereitsteht, beispielsweise:

zur Einsicht bringen
zur Geltung bringen
zur Vernunft bringen
in Aussicht stellen
zur Rede stellen

Ausnahmsweise stößt man auch einmal auf Einzelfälle, in denen das echte Verb so steif daherkommt, dass man die Umschreibung sogar bevorzugt, beispielsweise:

Zuschuss gewähren statt *bezuschussen*

Sage mir, wie du sprichst, und ich sage dir, was für ein Mensch du bist.

Gewachsene Sprache ist eben nicht auf abstrakte Normen festzulegen.
Neben einigen inhaltsarmen Vollverben tut sich ein weiteres Wort schwer, sich mit den eigenen Grenzen abzufinden, das Hilfsverb **haben.** Ähnlich wie das Hilfsverb *sein* (vgl. Seite 19 f.) verhält es sich ohnehin manchmal so, als sei es ein Vollverb. Es tritt dann auf im Sinne von *besitzen*, beispielsweise:

ein Auto haben
ein Konto haben
eine Fahrkarte haben
eine Versicherung haben
einen Termin haben

Manchmal liiert es sich aber auch in solchen Fällen mit einem Substantiv, das aus einem Verb hervorgegangen ist:

die Absicht haben
das Gefühl haben
die Erwartung haben
die Hoffnung haben
den Plan haben

Hiergegen wäre nichts einzuwenden, gäbe es nicht jene echten Verben für denselben Zweck:

beabsichtigen	statt	*die Absicht haben*
fühlen	statt	*das Gefühl haben*
erwarten	statt	*die Erwartung haben*
hoffen	statt	*die Hoffnung haben*
planen	statt	*den Plan haben*

Das griffigere Wort ist eben oft das elegantere Wort (vgl. Seite 19).
Für den Schreibenden folgt daraus, hellhörig zu werden für die **Zwischentöne** mit ihrem Einfluss auf die Sprachmelodie eines Textes.

Muss man hierzu noch eine Erklärung geben?
Wenn wir dem **Nominalstil** Vorschub leisten, damit er sich öffentlich zur Schau stellen kann, könnte es geschehen, dass die Lektüre einen empfindsamen Leser aus der Fassung bringt.
Wir sollten daher Vorsorge treffen und in unseren Sätzen den bewährten Verben den Zuschlag geben.

Inhaltsreiche Verben sollten nicht durch inhaltsarme Verben mit Substantiv umschrieben werden.

So nicht:	Aber so:
Auf der Mitgliederversammlung wurde der Beschluss gefasst, bezüglich der Prämien Verzicht zu leisten.	Auf der Mitgliederversammlung wurde beschlossen, auf die Prämien zu verzichten.
Man zog in Erwägung, eine Satzungsänderung vorzunehmen.	Man erwog, die Satzung zu ändern.
Wir haben die Vermutung, dass diese Entscheidung richtig ist.	Wir vermuten, dass diese Entscheidung richtig ist.

Aufgabe 16

Sorgen Sie für aussagekräftige Verben:

a. Der Kassenwart unterzog die Belege einer Prüfung.
b. Bei der Prüfung erbrachte er den Nachweis, dass alles seine Ordnung hat.
c. Es gab eine Begründung für seine Entscheidungen.

Und noch eine weitere Ungeschicklichkeit unterläuft uns gelegentlich, wenn wir Verben umschreiben, statt sie selbst zu Wort kommen zu lassen: Wenn uns nicht gleich das passende Wort einfällt, bedienen wir uns gern einmal eines **Adverbs,** mit dem man die Intensität des Gemeinten modulieren kann. Besonders beliebt ist das kleine Wörtchen **sehr.**
Auch diese Ausdrucksweise unserer Sprache hat ihre Berechtigung, solange kein einzelnes Verb seine Sache besser machen könnte, also beispielsweise nicht in solchen Fällen:

Ich musste mich sehr eilen.
statt: *Ich musste mich* **sputen.**
Du magst sie sehr.
statt: *Du* **liebst** *sie.*
Es windet sehr.
statt: *Es* **stürmt.**
Es leuchtet sehr.
statt: *Es* **strahlt.**
Es raucht sehr.
statt: *Es* **qualmt.**

Aktiv – grünes Licht für Selbstbestimmung

Bevor wir uns der Frage zuwenden, ob die aktive oder passive Verbform zu bevorzugen ist, sollten wir beide Aussagemöglichkeiten auf ihre Leistung hin analysieren.
Bei **aktiven** Formulierungen ist das Subjekt ein **handelndes Subjekt,** von dem Impulse ausgehen, beispielsweise:

Der Lehrer hält eine Mathematikstunde ab.
Er spricht konzentriert.
Die meisten Schüler hören zu.

Einige flüstern leise mit dem Nachbarn.
Andere schalten einfach ab.

Alle Verbformen signalisieren, dass Schüler und Lehrer Urheber ihrer Entscheidungen sind.

Drückt man dagegen einen Sachverhalt im **Passiv** aus, so erfährt man nicht, wer das Geschehen in Gang gesetzt hat, beispielsweise:

Den Schülern wird etwas beigebracht.
Der Lehrplan wird eingehalten.
Schwierige Rechenarten werden intensiv geübt.
Die Ergebnisse werden kontrolliert.
Der Lernerfolg wird in einem Test überprüft.

Die Schulstunde rollt nun gnadenlos ab. Da hilft kein Desinteresse, da nützt kein ideenreicher Nachbar. Alles vollzieht sich wie von selbst.
Solche Sätze haben nicht nur einen kühleren Ton, sie haben auch eine andere **Aussagerichtung:** In der passiven Verbform wird das Ziel des Geschehens als Subjekt gesetzt und damit zum Zentrum der Aussage. Mit einer Person oder einer Sache wird etwas gemacht; sie »erleidet« etwas. (Deshalb heißt das Passiv auch Leideform.)

Es ist grammatisch zwar auch möglich, das handelnde Subjekt mithilfe einer Präposition nachzuliefern, aber besonders fließend klingen solche Sätze nicht, beispielsweise:

Von unserem Lehrer wird intensiver Einsatz erwartet.
Von ihm wurde noch nie eine Standpauke gehalten.
Die Eltern werden vom Schulleiter informiert.
Der Beschluss wird von der Konferenz bestätigt.
Die Bälle werden vom Hausmeister ausgeteilt.

Der Unterschied beider Aussagearten ist deutlich erkennbar, wenn man sie einander gegenüberstellt, beispielsweise:

Sie schreiben die Aufgaben von der Tafel ab.
⇔ *Die Aufgaben werden von der Tafel abgeschrieben.*
Sie setzen die Rechenzeichen korrekt.
⇔ *Die Rechenzeichen werden korrekt gesetzt.*
Sie vergleichen die Ergebnisse mit den Nachbarn.
⇔ *Die Ergebnisse werden mit den Nachbarn verglichen.*
Sie verbessern ihre Fehler sofort.
⇔ *Ihre Fehler werden sofort verbessert.*
Sie unterstreichen die richtigen Ergebnisse.
⇔ *Die richtigen Ergebnisse werden unterstrichen.*

Wie sich an den Beispielsätzen abzeichnet, haben beide Verbformen ihren **je eigenen Einsatzbereich.**

Wenn das **Passiv** wirklich als **Leideform** verstanden wird, wie es in der deutschen Übersetzung zum Ausdruck kommt, so sollte man es auch benutzen. Es verdeutlicht dann eine Situation, in der jemand gewissermaßen als »Opfer« angesehen wird, beispielsweise:

Schon seit Langem dürfen Kinder in der Schule nicht mehr geschlagen werden.
In der Sportstunde werden einige Schüler vom Wettspiel ausgeschlossen.
Morgen werden alle Kursteilnehmer in mehreren Fächern geprüft.
Die Ergebnisse werden im Anschluss an die Prüfungen bekannt gegeben.
Zwei Schüler werden leider nicht in die nächste Klasse versetzt.

In solchen Sätzen ist es nicht von Bedeutung, welche Person das Geschehen veranlasst. Wichtig ist nur das Geschehen selbst.

Zum Passiv ist ebenfalls zu raten, wenn die handelnde Person **unbekannt** oder **unwichtig** ist, beispielsweise:

Täglich werden viele Schulbrote fortgeworfen.
Gestern wurde die Tafel nicht gesäubert.

Bei Regen wird die Schultür morgens früher geöffnet.
Der Schulhof soll demnächst asphaltiert werden.
Alle Eltern werden darüber informiert.

Dass der Handelnde, der »Täter«, in normalen Passivsätzen nicht genannt wird, nennen Fachleute **»Täterverschweigung«.**

Diese Tatsache lässt sich sprachlich nutzen, wenn man den Handelnden **aus psychologischen Gründen** verschweigen will, beispielsweise:

Es wird verabredet, die letzte Schulstunde zu schwänzen.
Der Spickzettel wurde mir ins Heft gelegt.
Mir wurde nicht gesagt, dass wir Hausaufgaben aufhaben.
Dies wurde uns ausdrücklich in der letzten Woche erlaubt.
Das Gerücht wurde in der Klasse verbreitet.

Die »Täterverschweigung« kann man bei Bedarf noch in einer anderen Kommunikationssituation nutzen, da sie manchmal etwas **höflicher** klingen kann. Sie drückt das Gemeinte nicht so direkt aus, beispielsweise:

Leider kannst du das Buch nicht ausleihen, da du die Gebühren noch nicht bezahlt hast.
⇔ *Leider kannst du das Buch nicht ausleihen, da die Gebühren noch nicht bezahlt wurden.*
Die Klausur findet morgen statt, obwohl ihr den Stoff noch nicht genug geübt habt.
⇔ *Die Klausur findet morgen statt, obwohl der Stoff von euch nicht genug geübt wurde.*
Es ist schade, dass ihr die Veranstaltung noch nicht organisiert habt.
⇔ *Es ist schade, dass die Veranstaltung noch nicht organisiert wurde.*
Ich kann leider deine Bitte nicht erfüllen.
⇔ *Deine Bitte kann leider nicht erfüllt werden.*
Ich habe dich rechtzeitig gewarnt.
⇔ *Du bist rechtzeitig gewarnt worden.*

Auch wenn bisher so ausführlich der Anwendungsbereich des Passivs gezeigt wurde, in allen anderen Fällen heißt der **Favorit Aktiv.**
Wer Farbe bekennen und stilsicher formulieren möchte, entscheidet sich so oft wie möglich für die Aussagerichtung, die zu Recht auch **Tatform** heißt, beispielsweise:

Ich habe als Schüler einmal gemogelt.
Bei dieser späten Beichte schaut der Leser gleichsam von Weitem neugierig beim Mogeln zu, während sich im entsprechenden Passivsatz keine Gedankenbilder einstellen wollen:
Als Schüler wurde von mir einmal gemogelt.

Der Lehrer hat es leider damals bemerkt.
Auch bei diesem Satz steigen im Leser Bilder auf: Der Lehrer schaut aufmerksam über seine Brille – und – zu spät – ertappt! Im Passiv lautet derselbe Satz:
Es wurde damals leider vom Lehrer bemerkt.

In dieser Sprachform entzieht sich das Geschehen unserer Vorstellung. Die zielsichere, fast spitzbübische Aufmerksamkeit des Lehrers verblasst zu einer allgemeinen Wahrnehmung.

Auch in folgenden Sätzen sind wir unsichtbare Beobachter lebendiger Ereignisse:

In den Pausen hocken die Mädchen in Gruppen zusammen und tuscheln.
Einige Jungen streiten sich lautstark, andere schreiben noch schnell die Hausaufgaben für die nächste Stunde ab.
Nach Schulschluss stürmen die Kleinen aus der Klasse und sind kaum mehr zu halten.
Die Großen gehen gemächlich über die Flure und tauschen ihre Termine aus.
Einzelne Schüler stehen abseits und genießen es sichtlich, dass sie endlich wieder ihr Handy benutzen dürfen.

Aktivitäten gehören ins Aktiv.	
So nicht:	**Aber so:**
Seitens der Schulbehörde wurde mitgeteilt, dass das Gelände erweitert werden müsse.	Der Schulsenator teilte mit, dass das Gelände erweitert werden müsse.
Vom Elternrat wurde Kritik geübt, dass die Klassen überfüllt seien.	Vertreter des Elternrats kritisierten, dass die Klassen überfüllt seien.
In der Konferenz wurde der Vorschlag gemacht, ein Schulfest zu veranstalten.	Ein Konferenzteilnehmer schlug vor, ein Schulfest zu veranstalten.

Aufgabe 17

Aktivieren Sie die lahmen Sätze:

a. Es wird dir von uns vorgeschlagen, die mittlere Reife anzustreben.
b. Danach sollte von dir eine Banklehre ins Auge gefasst werden.
c. Mit Einsatz und Ausdauer und einem Fünkchen Glück wird sicher ein Ausbildungsplatz gefunden werden.

Wie viele Wörter es doch gibt, aus denen der Mensch vertrieben wurde. *(Lec)*

Nenne die Dinge nicht beim Vornamen, wenn du ihren Nachnamen nicht kennst. *(Lec)*

Substantive – Fixpunkte nach Maß

Konkreta – zum Greifen nah

Auch Substantive sollten unter dem Gesichtspunkt der Anschaulichkeit gewählt werden: zum Greifen nah.
Leider scheuen wir uns gelegentlich davor, eine schlichte Sache schlicht zu benennen, und suchen krampfhaft nach aufwendigeren Wörtern. Fachmännisch soll es klingen, das sind wir uns schuldig. Wer fragt schon beim Autokauf, ob ein *Pannenkoffer* zur Grundausstattung gehöre und ob er auch *Wagenheber* und *Kreuzschlüssel* enthalte. Das ist so direkt. Wie wärs mit *Bereitschaftskoffer* oder gar mit *Autozubehör*, dann weiß wenigstens niemand, was im Einzelnen gemeint ist.

Unsere Sprache verführt uns leider, solchen Versuchungen zu erliegen, da sich Substantive gruppenweise pyramidenförmig zuordnen lassen, sodass wir mit gleitenden Übergängen vom konkreten Einzelbegriff zu abstrakteren Oberbegriffen emporsteigen können, ohne uns der Reichweite jedes Schrittes bewusst zu sein, beispielsweise:

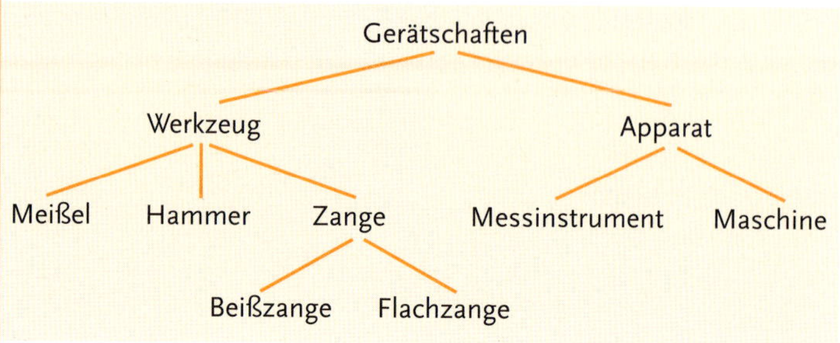

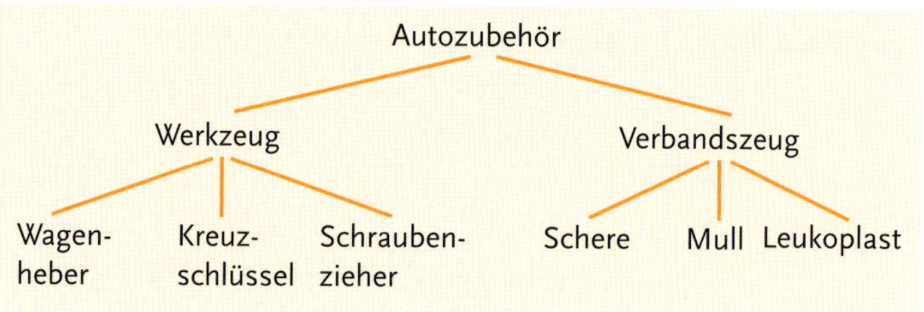

Eine *Beißzange* oder eine *Schere* können wir uns gut vorstellen; bei *Werkzeug* lässt die Zielsicherheit schon merklich nach, und bei *Autozubehör* oder *Gerätschaft* sind wir gänzlich verunsichert, wohin sich unser innerer Blick wenden soll.

Je höher wir nämlich in einer Begriffspyramide aufsteigen, umso allgemeiner (und unbestimmter) wird der **Begriffsinhalt;** parallel dazu vergrößert sich der **Begriffsumfang,** d. h. die **Anzahl** der Gegenstände, für die der Begriff gilt. Beispielsweise ist der *Kreuzschlüssel* ein Gegenstand, der erstens aus hartem Material besteht, zweitens kreuzförmig geformt ist und drittens Öffnungen für die Radschrauben enthält. Da hat das Auge etwas zu sehen. *Autozubehör* dagegen heißt ein Gegenstand, wenn er Zusatzteil zum betriebsbereiten Auto ist. Der Leser sieht ganze Regale voller Einzelteile; aber sein Blick hat kein bestimmtes Ziel, weil der Begriff für so viele unterschiedliche Teile gilt.

Die Anschaulichkeit eines Substantivs hat also etwas mit seinem Platz in einer Begriffspyramide zu tun: je tiefer, umso konkreter; je konkreter, umso **fassbarer für die Sinne.**

Damit ist **der besondere Ausdruck** dem allgemeinen Ausdruck vorzuziehen, wenn wir das treffende Wort suchen: also nicht *Verkehrszeichen*, wenn eine *Ampel* gemeint ist, und nicht *Fahrzeuge*, wenn die Fahrzeuge *Motorräder* sind. Auch *Schranke* und *Omnibus* haben es nicht nötig, als *Verkehrseinrichtung* und *öffentliches Verkehrsmittel* auf dem Papier zu erscheinen, und eine *Lampe* erhellt den Sinn eines Satzes meist klarer als eine *Lichtquelle*.
Falls jemand nun auf den Gedanken kommen sollte, allen Warnungen zum Trotz doch die abstrakteren Oberbegriffe zu wählen und ihren Mangel an Anschaulichkeit (und Klarheit) durch entsprechende Attribute auszugleichen, so sei die Warnung verschärft. Ein *Verkehrszeichen mit rot-gelb-grünen Lichtsignalen* mag zwar inzwischen eindeutig auf eine *Ampel* hinweisen, hat aber 26 Buchstaben mehr, ohne Leistung zu erbringen, die einen solchen Aufwand rechtfertigt. Auch **Umständlichkeit** ist ein Feind des guten Stils. Die Empfehlung, **das konkrete Substantiv** zu bevorzugen, gilt besonders, wenn die **Abstrakta** unecht sind, wie beispielsweise Wörter mit den Endungen *-ung, -heit, -keit, -schaft, -tum, -nis, -sal* und all die *-ismen*, mit denen wir unsere Sprache zu schmücken glauben. Manche von ihnen klingen zwar kompetent, bestehen aber nur selten den Vergleich mit ihren handfesten Alternativen wie beispielsweise:

Gummiring	statt	*Dichtung*
Kabel	statt	*Zuleitung*
Stoßdämpfer	statt	*Federung*
Schilder	statt	*Beschilderung*
Reifen	statt	*Bereifung*

Die Aufforderung, sich um gegenständliche Ausdrücke zu bemühen, bleibt auch bestehen, wenn wir es mit abstrakteren Darlegungen zu tun haben. Wir können dann zwar das abstrakte Substantiv nicht durch ein konkretes austauschen, da sich seine Fähigkeit, Einzelnes gedanklich zu bündeln, nicht ersetzen lässt; wir sollten das Gemeinte jedoch durch konkrete **Beispiele** veranschaulichen. Wenn wir beispielsweise *Angelegenheiten* meinen, könnten wir sie durch Einzelheiten wie *Beratung* und *Verkauf* verdeutlichen, oder die *Beschaffenheit* durch *Material* und *Maße* ergänzen. Dann hätten die inneren Augen des Lesers ein bestimmtes Objekt, beispielsweise so:

Schlechte Straßenverhältnisse, ergänzt um
- *Glatteis*
- *feuchtes Laub*
- *Ölspur*
- *Schlaglöcher*
- *Aquaplaning*

Ähnlich auch bei folgendem Thema:

Komfort eines Autos, ergänzt um
- *getöntes Glas*
- *Scheibenwischer für Vorderlampen*
- *besondere Felgen*
- *Klimaanlage*
- *Tempomat*

Wo konkrete Substantive passen, sollten abstraktere gemieden werden.

So nicht:	**Aber so:**
Er hat sich eine Fernsprecheinrichtung ins Auto legen lassen.	Er hat sich ein Telefon ins Auto legen lassen.
In der Tiefgarage ist noch eine Einstellmöglichkeit frei.	In der Tiefgarage ist noch ein Parkplatz frei.
Die Sorge um den Verletzten ließ ihn nicht los.	Die Sorge um den Verletzten ließ ihn nicht los: Wann kommt der Unfallwagen mit dem Notarzt?

Aufgabe 18

Werden Sie konkret:

a. Im Handschuhfach liegen einige nützliche Dinge.
b. Alle Insassen müssen während der Fahrt die Sicherheitsvorkehrung anlegen.
c. Wenn doch bloß die Lichtverhältnisse besser würden!

Und zum Abschluss noch etwas zum Mitdenken, bei dem nur mit Ja/Nein geantwortet werden darf:

Mit Köpfchen vom Allgemeinen zum Besonderen

Ist es ein vom Menschen hergestellter Gegenstand?
- Ja.

Besteht er aus hartem Material?
- Ja.

Besteht er aus einem Stück?
- Nein.

Hat die Mehrteiligkeit etwas mit seiner Funktion zu tun?
- Ja.

Benötigt man mindestens noch einen weiteren Gegenstand, damit er seinen Zweck erfüllen kann?
- Ja.

Steht er in Zusammenhang mit einem technischen Gegenstand?
- Ja.

Wird er im Haus benötigt?
- Nein.

Ist er nützlich?
- Ja.

Dient er der bloßen Bequemlichkeit?
- Nein.

Dient er dem Schutz?
- Ja.

Hat er speziell etwas mit Landwirtschaft zu tun?
- Nein.

Hat er speziell etwas mit Produktion zu tun?
- Nein.

Hat er speziell etwas mit dem Verkehr zu tun?
- Ja.

Hat er etwas mit dem Auto zu tun?
- Ja.

Ist seine Verwendung an Jahreszeiten gebunden?
- Ja.

Wird er im Allgemeinen im Sommer benötigt?
- Nein.

Handelt es sich um Schneeketten?
- Ja.

Komposita – dosierte Klarheit

Bei unserer Suche nach dem besonderen Ausdruck statt eines allgemeinen Ausdrucks treffen wir auch auf die zusammengesetzten Substantive, die **Komposita.** Es sind jene Wörter, die mit ihrem umfassenden Sinn unzufrieden sind, beispielsweise *Schirm*, und sich daher mit einem Wort verbünden, beispielsweise *Regen*, das ihnen einen genaueren Sinn verleiht, nämlich *Regenschirm*. Sie selbst erklären sich damit zum **Grundwort,** das stets am Ende steht, eben *RegenSCHIRM*, während sie dem Wortpartner die Rolle des **Bestimmungswortes** übergeben, das als Dank immer die Betonung tragen darf: *Régenschirm*.
Solche Komposita erweitern bei Bedarf unsere Ausdrucksmöglichkeiten erheblich, und wir sollten sie nicht außer Acht lassen. Eine Schirmbestellung erspart manche Rückfragen, wenn wir rechtzeitig zwischen *Sonnen-* und *Regenschirm* bzw. *Damen-* und *Herrenschirm* oder *Stock-* und *Klappschirm* unterscheiden.
Aber ... hier ist ein hohes Maß an Fingerspitzengefühl geboten. *Großwetterlage* und *Schönwetterperiode* mögen ja noch überschaubar und verständlich sein; bei *Wasserstandsmessvorrichtung* und *Lufttemperaturschwankung* verliert man aber schon ein wenig die Übersicht, und angesichts einer *Weinbergfrostwarnanlage* fragt man sich, ob das Bemühen um Treffsicherheit nicht vielleicht in das Gegenteil umgeschlagen sein könnte.
Komposita, die mehr als zwei Wortteile aufweisen, sollten wir auffordern, selbstkritisch ihre eigene Verständlichkeit zu prüfen. Manchmal brauchen sie sich nur einen **Bindestrich** zuzulegen, um beim Leser besser anzukommen, etwa:

Sommer-Sonnenwende	statt	*Sommersonnenwende*
Sturmflut-Vorhersage	statt	*Sturmflutvorhersage*
Wattwanderungs-Termin	statt	*Wattwanderungstermin*
Gartenstauden-Angebot	statt	*Gartenstaudenangebot*
Blumenbeet-Bepflanzung	statt	*Blumenbeetbepflanzung*

Neue Bildungen, der Natur vorgeschlagen (Morgenstern)

Der Ochsenspatz
Die Kamelente
Der Regenlöwe
Die Turtelunke
Die Schoßeule
Der Walfischvogel
Die Quallenwanze
Der Gürtelstier
Der Pfauenochs
Der Werfuchs
Die Tagtigall
Der Sägeschwan
Der Süßwassermops
Der Weinpintscher
Das Sturmspiel
Der Eulenwurm
Der Giraffenigel
Das Rhinozepony
Die Gänseschmalzblume
Der Menschenbrotbaum

Vor einem vorschnellen Griff zum Bindestrich ist allerdings zu warnen, also unbedingt:

Schneefall	statt	*Schnee-Fall*
Frostgrenze	statt	*Frost-Grenze*
Hochwasser	statt	*Hoch-Wasser*
Nieselregen	statt	*Niesel-Regen*
Windbö	statt	*Wind-Bö*

Manchmal ist den einzelnen Wortteilen des Kompositums auch zu raten, sich wieder voneinander zu lösen und das Bestimmungswort in die Position eines Genitivattributs zu bitten, beispielsweise:

Höhe des Neuschnees	statt	*Neuschneehöhe*
Farben des Herbstlaubs	statt	*Herbstlaubfarben*
Ende des Dauerfrostes	statt	*Dauerfrostende*
Gefahr eines Wolkenbruchs	statt	*Wolkenbruchgefahr*
Form der Gewitterwolken	statt	*Gewitterwolkenform*

Jeder Einzelfall verlangt seine individuelle Lösung; ein Patentrezept gibt es nicht.

Ob sich wohl herausfinden lässt, welche **Systematik** sich bei der Zuordnung von Bestimmungswort und Grundwort erkennen lässt? Untersuchen wir es an den Komposita selbst:

Sonnenschein ist bekanntlich der *Schein* **der** *Sonne*, *Sommerhitze* ist die *Hitze* **des** *Sommers*. Die Sache scheint eindeutig zu sein: Das Bestimmungswort (der erste Bestandteil eines Kompositums) gibt offensichtlich die **Zugehörigkeit** im Sinne eines **Urhebers** an.

Wir kontrollieren dieses Ergebnis bei:

Mondlicht	=	*Licht des Mondes*
Sternenglanz	=	*Glanz der Sterne*
Farbenspiel	=	*Spiel der Farben*
Wassertemperatur	=	*Temperatur des Wassers*
Winterfreuden	=	*Freuden des Winters*

Doch wie verhält es sich mit dem *Regenschirm? Regenschirm* heißt ein Schirm, der im Regen eingesetzt werden soll. Das Bestimmungswort gibt also die **Situation** an, genauso wie:

Sonnenschirm
Schneestiefel
Windjacke
Wintersocken
Sonnencreme

Und wie passt dies zum *Damenschirm?* Ein *Damenschirm* ist ein Schirm für Damen. Das Bestimmungswort nennt hier den **Anwendungsbereich,** ebenso bei Komposita wie:

Handschuhe
Ohrenwärmer
Augenschutz
Kopfbedeckung
Strandkorb

Dies gilt allerdings nicht für Komposita wie die folgenden, bei denen das erste Teilwort Angaben über den **Ort** macht:

Gebirgstour
Seereise
Dünenwanderung
Strandlauf
Waldspaziergang

Wieder anders ist dies bei folgenden Beispielen, deren Bestimmungswort die **Zeit** angibt:

Frühlingsanfang
Aprilscherz
Sommerwind
Herbststurm
Winterschlaf

Eine weitere Möglichkeit bieten Komposita wie diese, deren Bestimmungswort den **Zweck** nennt:

Liegestuhl
Hängematte
Badelaken
Schwimmweste
Taucherbrille

Und bei einer weiteren Art der Komposita kann man am ersten Teilwort das **Material** ablesen, etwa bei:

Eisregen
Staubwolke
Tautropfen
Schneeflocken
Nebeldunst

Das Untersuchungsergebnis lautet also:

Das Bestimmungswort eines Kompositums kann auf vielfältige Weise das Grundwort präzisieren.

Maßstab für die Länge eines Kompositums ist seine Verständlichkeit.

So nicht:	Aber so:
Die Streudienstdurchführungsbestimmungen hat jeder zur Kenntnis zu nehmen.	Die Durchführungsbestimmungen für den Streudienst hat jeder zur Kenntnis zu nehmen.
Die Wetteramtsnachrichten beruhigen sie.	Die Nachrichten des Wetteramts beruhigen sie.
Im Kalender stehen täglich die Sonnenuntergangszeiten.	Im Kalender stehen täglich die Sonnenuntergangs-Zeiten.

Aufgabe 19

Vergrößern Sie die Verständlichkeit der Sätze:

a. Die Vulkanausbruchswarnung der Meteorologen erreicht die Bevölkerung rechtzeitig.
b. Die Gezeitenübersicht wird öffentlich ausgehängt.
c. Viele Menschen mögen die klare Hochgebirgsluft.

Substantivierung – nur im Notfall erlaubt
»**Das Betreten** *des Labors ist untersagt.*« So lesen wir gelegentlich an einer Tür im Krankenhaus, und niemand wird wohl an dieser Formulierung Anstoß nehmen. Warum auch sollten wir nicht einmal ein **Verb** in den Rang eines **Substantivs** erheben und ihm den Posten eines Subjekts anbieten? So wird dann aus dem Verb *betreten* nach einem Artikel das Substantiv *das Betreten*. In unserer Sprache ist es nämlich möglich, eine Aussage über eine Handlung zu machen. Auf diese Weise wird in dem vorliegenden Satz das Verbot einer Handlung knapp und klar ausgedrückt.

Gelegentlich kann jedoch ein Verb der Verlockung nicht widerstehen, ohne triftigen Grund den Gestaltwandel zum Substantiv anzustreben und damit einen großen Anfangsbuchstaben zu erwerben.
So ist beispielsweise das Verb *setzen* stolz darauf, es mit einem ergänzenden Wort zum Substantiv gebracht zu haben, wenn es in einem Rundschreiben heißt: »**Das Instandsetzen** *der Geräte erfolgt nach Anweisung des leitenden Arztes.*« Aus Höflichkeit sagt dem frischgebackenen Substantiv niemand, dass der Satz viel eleganter lautete: »*Der leitende Arzt gibt Anweisung, wie das Gerät wieder instand gesetzt werden könne.*« Und so erfährt das substantivierte Verb nichts davon, dass es seine Position verschlechtert hat. Der zweite Satz enthält zwar drei Wörter mehr als der erste, lässt aber in Gedanken bei der Reparatur der Geräte zuschauen.
Das Verb *einnehmen* ist im folgenden Satz schon weiter: Als nämlich ein Patient im Begriff ist anzufragen, ob **das Einnehmen** *des Medikaments Nebenwirkungen verursache*, ruht es nicht eher, bis der Patient anfragt, ob *es Nebenwirkungen verursache, wenn er das Medikament einnehme.* Auch hier spart die Substantivierung zwar zwei Wörter ein; der Preis dafür ist aber – wie so oft – eine gewisse Leblosigkeit.

Jedes Wort unserer Sprache kann zum Substantiv werden. Einzige Bedingung hierfür ist, dass Wörter einer bestimmten Wortart unmittelbar vor ihnen stehen:

- Substantivierung **nach Präposition:** *Das kleine Mädchen ließ sich* **ohne** *Wenn und Aber eine Spritze geben.*
- Substantivierung **nach Artikel: Das** *lange Hin und Her hatte ihr die Wartezeit verkürzt.*
- Substantivierung **nach Adjektiv: Ruhiges** *Zureden des Arztes konnte ihr die Angst nehmen.*
- Substantivierung **nach Pronomen: Sein** *Weinen hat das Mädchen tapfer unterdrückt.*
- Substantivierung **nach unbestimmtem Zahlwort:** *Die Untersuchung ergab* **nichts** *Neues.*

Die Beispiele zeigen, dass Substantivierungen von Zeit zu Zeit durchaus am Platze sind, wenn es darum geht, nicht viel Worte zu machen.
Die **Substantivierung von Verben** sollte man jedoch **äußerst sparsam** einsetzen, da sie einem Text oft die Dynamik nimmt. Wie schon aus einem anderen Kapitel bekannt (vgl. Seite 73 ff.) sind und bleiben Verben einfach attraktiver als die statischen Substantive beim Nominalstil.
Wie die Beispielsätze auf der vorigen Seite zeigen, kann man eine Substantivierung des Verbs meist vermeiden, indem man sie in einen einfachen Gliedsatz umwandelt, etwa so:

Nach dem **Ausfüllen** *des Personalbogens müssen Sie sich noch etwas gedulden.*
⇨ *Nachdem Sie den Personalbogen ausgefüllt haben, müssen Sie sich noch etwas gedulden.*
Sie werden zum **Bezahlen** *Ihrer Praxisgebühr ins Sekretariat gebeten.*
⇨ *Sie werden ins Sekretariat gebeten, um Ihre Praxisgebühr zu bezahlen.*
Viele Patienten lieben das ausführliche **Austauschen** *ihrer persönlichen Krankengeschichte im Wartezimmer.*
⇨ *Viele Patienten lieben es, ihre persönliche Krankengeschichte im Wartezimmer ausführlich auszutauschen.*

Nach dem ***Messen*** *des Blutdrucks im Labor bittet die Krankenschwester den Patienten in das Sprechzimmer.*

⇨ *Die Krankenschwester bittet den Patienten in das Sprechzimmer, nachdem sie im Labor den Blutdruck gemessen hat.*

Zum ***Besprechen*** *der Ergebnisse wird ein weiterer Termin vereinbart.*

⇨ *Es wird ein weiterer Termin vereinbart, um die Ergebnisse zu besprechen.*

Nach der Auflösung der Substantivierungen in Gliedsätze hat sich der Satz jeweils zwar geringfügig verlängert; dafür klingt er aber etwas fließender.
Der Unterschied zwischen der normalen Verwendung von Verben im Gegensatz zu ihren Substantivierungen sei noch einmal an zwei Vergleichstexten veranschaulicht:

Rationalisierung

Es hat sich inzwischen herumgesprochen: Substantivierung leistet einen wichtigen Beitrag zur Rationalisierung unserer Sprache. Wer es eilig hat, bringt mit Substantivierungen schier Unmögliches fertig, mit weniger Worten dasselbe zu sagen.
Warum also breittreten, was auch knapper zu sagen wäre? Bei der Gelegenheit fällt auch leicht unnötiger Wortballast fort, der droht, das Wesentliche anschaulich zu machen. Das spart Zeit und ist modern. Der Zuhörer oder Leser wird dankbar sein, im Dschungel der Substantive gefordert zu sein. Es wäre doch gelacht, wenn der Fortschritt bei der Sprache haltmachen würde. Bitte schön:

Ärzte habens gut

Nach dem Teilnehmen an einer ausgedehnten Geburtstagsfeier seines Kollegen wurde ein Anästhesist nachts durch Telefonklingeln geweckt und erfuhr vom Notdienst seines Krankenhauses mit einer Entschuldigung für das Stören von dem akuten

Mitten in der Nacht klingelte das Telefon. Völlig verschlafen torkelte er ins Arbeitszimmer und hob mit unsicherem Griff den Hörer ab: »Ja, bitte?« »Stadtkrankenhaus, Notdienst – es tut mir leid, Sie wecken zu müssen. Bitte kommen Sie sofort; der Zustand des Herzpatienten hat sich akut verschlech-

Schlechterwerden des Zustands des Herzpatienten und von der Notwendigkeit seines Kommens auf Wunsch des Chefarztes.	tert. Der Chefarzt benötigt Sie für die Anästhesie.« »Ich komme.« Mit einem Schlag war er hellwach. Ausgerechnet gestern Abend war es später geworden! Aber der 50. Geburtstag seines Kollegen musste schließlich gefeiert werden.
Nach schnellem Ankleiden und Stärken aus der Thermoskanne, deren Bereitstellen für den Fall des Falles allabendlich durch seine Frau erfolgte, und unter Inanspruchnahme ihrer raschen Hilfe beim Gartentoröffnen wurde er beim Befahren der Hauptstraße in antrainierter Schnelligkeit statt Hektik und Routine statt Gedankenlosigkeit endlich ruhig. Unter Vergegenwärtigung der Krankengeschichte des Patienten fuhr er zügig und sicher zugleich.	Blitzschnell war er angekleidet, kein Scheitel, keine Krawatte, nur ein schneller Schluck aus der Thermoskanne, die seine Frau allabendlich für den Fall des Falles bereitstellte. Sie hatte in der Eile inzwischen schon das Garagentor geöffnet. Er befand sich bereits auf der Hauptstraße, als er endlich ruhig wurde. Das hatte er antrainiert: schnell zu sein statt hektisch, routiniert zu sein statt gedankenlos. Und so fuhr er zügig und sicher zugleich, während er in Gedanken noch einmal die Krankengeschichte des Patienten durchging.

Substantivierte Verben sind nur im Ausnahmefall zu empfehlen.

So nicht:	Aber so:
Die Krankengymnastin erläutert ihr gestriges Fernbleiben von der Arbeit.	Die Krankengymnastin erläutert, warum sie gestern nicht zur Arbeit erschienen ist.
Der Verwaltungsrat gibt bekannt, dass eigenmächtiges Inbetriebnehmen des Gerätes verboten sei.	Der Verwaltungsrat gibt bekannt, dass es verboten ist, das Gerät eigenmächtig zu benutzen.
Lautes Sprechen im Wartezimmer ist verpönt.	Es ist verpönt, im Wartezimmer laut zu sprechen.

Aufgabe 20

Überprüfen Sie, ob die Substantivierung der Verben ausnahmsweise erlaubt ist, und verbessern Sie gegebenenfalls:

a. Sie zeigen ihm das Anlegen des Verbands.
b. Bandagieren will gelernt sein.
c. Trotz behutsamen Vorgehens schmerzt der Einstich der Spritze.

Adjektive – ein Stückchen Individualität

Gebrauch – weniger ist meistens mehr
Adjektive sind die **Farbtupfer** des Satzes.
Im Gegensatz zu Substantiv (oder dessen Stellvertreter) und Verb beruht ihre Anwesenheit auf Freiwilligkeit.
Es gibt aber auch manchen Fall, in dem ein Adjektiv zur Hervorhebung einer Besonderheit unentbehrlich ist.
Dies gilt vor allem für **sachlich beschreibende** Texte, bei denen es auf **präzise Details** ankommt, beispielsweise:

Der Zoo plant den Umbau des Außengeheges, um einen **artgerechten** *Lebensraum für Kängurus zu schaffen.*
Auch für die **bengalischen** *Tiger muss die Bepflanzung neu gestaltet werden.*
Die **ausgewachsenen** *Tiere dösen gern im Schatten der Bäume.*
In der Fressecke warten schon seit Langem **hungrige** *Tiere.*
Für Familien gibt es **preiswerte** *Eintrittskarten.*

In der Regel aber ist es in unser Ermessen gestellt, ob wir Adjektive verwenden wollen oder nicht, zumindest theoretisch.
In der Praxis allerdings legen ungeschriebene Gesetze fest, wie viel Farbe sein darf: Dezent muss das Satzbild sein. Nur **individuelle Akzente** sind willkommen. **Ein Adjektiv pro Satz** ist genug. Ausnahmen gelten nur für Verliebte und Poeten.
Das klingt nach Zulassungsbeschränkung. Wo bleibt da die Freiheit des Wortes? Die Freiheit des Wortes endet, wo die Wirkung anderer Wörter beeinträchtigt wird.
Lassen wir beispielsweise zu, *dass Adjektive in beliebiger Anzahl freien Zutritt zu der freundlichen Einladung an interes-*

sierte Zoobesucher erhalten, so werden die Substantive *Anzahl*, *Zutritt*, *Einladung* und *Zoobesucher* stark in den Hintergrund gedrängt. Erhalten aber *Adjektive in beschränkter Anzahl Zutritt zur Einladung an Fotofreunde*, so können sich alle Wörter ungestört nebeneinander entfalten.
In Einzelfällen ist es jedoch vertretbar, mehrere Adjektive im Satz einzusetzen. Dies passt vor allem dann, wenn es sich um kontrastreiche Gegensätze oder besondere Entsprechungen handelt, die durch Adjektive pointiert werden sollen, beispielsweise:

Die **kleinen** *Löwen werden beim Fressen von den* **großen** *verdrängt.*
Unauffällige *Spatzen tummeln sich zwischen* **farbenprächtigen** *Papageien.*
Bei **warmen** *Temperaturen halten sich die Tiere lieber im Freien auf als bei* **kalten.**
Indische *und* **afrikanische** *Elefanten unterscheiden sich sehr.*
Mit ihrem **langen** *Hals können die Giraffen auch Nahrung in* **hohen** *Ästen erreichen.*

Neben der Verwendung von Adjektiven, um sachbezogene Besonderheiten beim Namen zu nennen, sind sie – sparsam genutzt – auch dazu geeignet, persönliche Beurteilungen, Stimmungen und Kommentare auszudrücken, beispielsweise:

Das **süße** *Wildfohlen inmitten seiner Großfamilie lockt viele Neugierige an.*
Fische beeindrucken oft durch ihr **außergewöhnliches** *Aussehen.*
Trotz ihres **langweiligen** *Verhaltens faszinieren sie daher viele Besucher.*
Ein Tag im Zoo ersetzt sogar die **spannendste** *Schulstunde.*
So ein **aufregender** *Tag bleibt lange in Erinnerung.*

Für alle übrigen Fälle sei in Erinnerung gerufen: »Wat jestrichen is, kann nich durchfalln.«
Einige Adjektive sind zwar recht uneinsichtig und finden sich so wichtig, dass sie sich zur unnötigen Verstärkung

aufdrängen, beispielsweise für *junge Welpen* oder *schwarze Raben*. Sie sollten einmal Seite 50ff. lesen; dann würden sie merken, dass **Tautologien** überflüssig sind. Ähnliches gilt für **Allerweltswörter** wie *schön* und *herrlich*, die bereits bei der Suche nach dem angemessenen Ausdruck unterlegen waren (vgl. Seite 18). Nicht anders ist es bei Adjektiven, die glauben, ein blasses Substantiv ergänzen zu dürfen, weil das treffende Substantiv nicht zur Stelle war (vgl. Seite 19). Aber der *unangenehme Geruch im Raubtierhaus* sollte besser dem *Gestank* den Platz überlassen, ebenso wie das *gestreifte Pferd* sich neben dem *Zebra* wahrlich nicht sehen lassen kann.

Durch Wortvergeudung verarmt das Volksvermögen – die Sprache. (Lec)

Nach alledem bleiben nur zwei Gelegenheiten, bei denen ein Adjektiv gewählt werden sollte:

1) Das Adjektiv hebt **besondere Merkmale** einer Sache oder einer Person hervor. Es dient also der **Charakterisierung,** beispielsweise:

Der aufmerksame Delfin reagiert auf das Zeichen des Tierpflegers.

2) Das Adjektiv teilt die **Meinung** des Schreibers mit. Es dient also der **Wertung,** beispielsweise:

Die niedlichen Äffchen turnen an den Gitterstäben.

Wer diese Feststellung nicht akzeptiert, den könnte eventuell das folgende Textbeispiel überzeugen:

Glück im Unglück

Am heutigen Vormittag ist aus dem beliebten Tierpark ein gefährlicher Tiger entflohen.
Das stattliche Tier war gerade von dem erfahrenen Wärter mit frischem Fleisch gefüttert worden, als der sonst so vorsichtige Wärter einen kurzen Augenblick von einem interessierten Besucher abgelenkt wurde und mit einer versehentlichen Handbewegung die eiserne Schließvorrichtung des großen Käfigs löste. Diese günstige Gelegenheit hatte der

wachsame Tiger genutzt, hatte den losen Riegel mit der kräftigen Pranke niedergedrückt und sich durch die schmale Öffnung gezwängt.
Hilflos musste der entsetzte Wärter zusehen, wie das schnelle Raubtier hinter den nahen Bäumen verschwand. Glücklicherweise kam es nicht weit, da es nach kurzem Lauf in die hohe Umzäunung eines im Bau befindlichen Geheges geriet, dessen offene Spezialtore ihm zur Falle wurden. Durch den beherzten Einsatz eines entschlossenen Besuchers, der zunächst das Weite gesucht hatte, gelang es dem alarmierten Personal, das verunsicherte Tier einzusperren und später in den sicheren Käfig zu bringen.

Zu guter Letzt sei noch auf einen verbotenen Rollentausch hingewiesen, der leider immer mehr Verbreitung findet: **Adverbien** lassen sich von Zeit zu Zeit als Adjektiv anheuern.
Einige passen sich der angemaßten Rolle so an, dass sie sich sogar eine Endung zulegen, damit sie wie ein richtiges Adjektiv aussehen, beispielsweise so:

ein ziemlicher Auslauf
die ungefähre Futtermenge
eine kürzliche Schließung
eine alsbaldige Vorführung
der neuliche Umbau

Andere nehmen die neue Rolle ohne äußere Veränderungen an; im Einsatz sehen sie dann beispielsweise so aus:

eine schrittweise Veränderung
eine teilweise Gewöhnung
eine stufenweise Programmänderung
der seinerzeit Tierbestand
eine geradezu Freiheit

Beiden Gruppen sei eindringlich geraten, sich ihrer wahren Identität bewusst zu werden, nämlich als Adverb ein Verb zu erläutern, statt sich als Pseudoadjektiv einem Substantiv anzuschließen.

Wortwahl – Wahl kommt von »wählen«

Adjektive sollten sparsam verwendet werden.

So nicht:	Aber so:
Die zotteligen Braunbären tummeln sich auf den harten Steinen vor ihrem geräumigen Käfig.	Die zotteligen Braunbären tummeln sich auf den Steinen vor ihrem Käfig. (Steine pflegen immer hart zu sein, und die Größe des Käfigs ist hier ohne Belang.)
Die Schildkröte versucht, sich an der steilen Wand des Terrariums aufzurichten.	Die Schildkröte versucht, sich an der Wand des Terrariums aufzurichten. (Welche Wand ist nicht steil?)
Mit einigermaßen Glück sind im Frühjahr einige Lamas trächtig.	Mit einer Portion Glück sind im Frühjahr einige Lamas trächtig.

Aufgabe 21

Streichen oder ersetzen Sie problematische Adjektive:

a. Der dickhäutige Elefant schnappt mit seinem langen Rüssel nach dem Geld, das ihm forsche Kinder entgegenhalten.
b. Der Bison liegt ausgestreckt in einer flachen Mulde und döst vor sich hin.
c. Der vormals Tierpfleger bei den Raubkatzen wechselt zu den Flusstieren.

Partizipien – Sondergenehmigung erforderlich

Partizipien sind heimatlos. Als **Verben** geboren, als **Adjektive** eingesetzt, stehen sie in der Mitte zwischen diesen beiden Wortarten und tragen ihren Namen **»Mittelwort«** zu Recht. Obwohl sie sich mehr als Adjektiv fühlen, werden sie immer eine Randgruppe bleiben, da sie sich formal und inhaltlich von den normalen Adjektiven unterscheiden:

Das Partizip Präsens/die Verlaufsform hat die Endung *-end*, beispielsweise:

*das verlock**end**e Motiv*
*die untergeh**end**e Sonne*
*die brenn**end**e Kerze*
*das aufleucht**end**e Blitzlicht*
*der klick**end**e Verschluss*

Das Partizip Perfekt/die Vollzugsform endet mit *-t* oder *-en* und erhält meist die Vorsilbe *ge-*, beispielsweise:

der ***gemessene*** *Lichtwert*
der ***gewählte*** *Ausschnitt*
das ***gelungene*** *Foto*
das fotografierte Objekt
das eingescannte Bild

Im Allgemeinen gilt für Partizipien dasselbe wie für Adjektive: Auch sie haben die Funktion, ein Substantiv näher zu beschreiben, und auch für sie heißt es: keine Verschwendung, kein Ausschluss.
Im Einsatzbereich unterscheiden sie sich jedoch deutlich von den gewöhnlichen Adjektiven. Denn Wertungen des Schreibenden lassen sich mit ihnen nicht ausdrücken, da sie ausschließlich zu **Aussagen über Gegenstände** fähig sind, ohne Rücksicht auf die persönliche Wahrnehmung des Beobachters. Beispielsweise erhebt das Partizip Präsens im *aufleuchtenden Blitzlicht* den Anspruch, dass das Blitzlicht wirklich gerade aufleuchtet, und das Partizip Perfekt im *gemessenen Lichtwert* zweifelt keine Sekunde daran, dass der Lichtwert tatsächlich gemessen wurde.
Partizipien haben also nur einen einzigen Anwendungsbereich, die **Besonderheiten einer Sache oder Person** beim Namen zu nennen. Als gebürtige Verben nennen sie hierbei allerdings keine statischen Eigenschaften, sondern dynamische **Ereignisse,** die sich gerade an ihr vollziehen oder vollzogen haben, beispielsweise:

das runde Objektiv	(Adjektiv)
⇔ *das abgerundete Objektiv*	(Partizip)
der volle Akku	(Adjektiv)
⇔ *der geladene Akku*	(Partizip)
das helle Blitzlicht	(Adjektiv)
⇔ *das aufleuchtende Blitzlicht*	(Partizip)
die unbewegliche Taste	(Adjektiv)
⇔ *die blockierte Taste*	(Partizip)
das lockere Stativ	(Adjektiv)
⇔ *das wackelnde Stativ*	(Partizip)

Als Ausgleich für solche Einschränkung des Einsatzbereichs können Partizipien nämlich in jedem einzelnen Fall ihren Zeithorizont wählen:
So teilt das **Partizip Präsens** mit, dass sich **jetzt** gerade etwas ereignet, beispielsweise beim *glänzenden Bild*. Das Bild glänzt in diesem Augenblick. Diese Form tritt **immer im Aktiv** auf.
Das **Partizip Perfekt** informiert dagegen darüber, dass etwas bereits **abgeschlossen** ist, beispielsweise beim *ausgesuchten Bild*. Der Prozess des Aussuchens hat stattgefunden und ist jetzt beendet. Diese Form tritt **meist im Passiv** auf.
Partizipien sind also geeignet, Vorgänge, die sich gerade an einer Sache oder Person vollziehen oder vollzogen haben, **kurz und bündig** auszudrücken, beispielsweise:

die eingelegte Speicherkarte
statt: *die Speicherkarte, die ich eingelegt habe*
der gewählte Aufnahmemodus
statt: *der Aufnahmemodus, den ich gewählt habe*
das eingestellte Menü
statt: *das Menü, das ich eingestellt habe*
der surrende Selbstauslöser
statt: *der Selbstauslöser, der surrt*
das bevorzugte Motivprogramm
statt: *das Motivprogramm, das ich bevorzuge*

In den dargelegten Beispielen ersetzen die Partizipien in ihrer Funktion als Adjektive einen **Gliedsatz (Attributsatz),** der das Partizip in seiner verbalen Ausprägung als Prädikat enthält. (Zum Gliedsatz vgl. Seite 188.) Der Vergleich zeigt, dass Attributsätze dieser Art viel zu dürftig sind, um den Partizipien die Schau zu stehlen.

Dies ist aber keineswegs immer so.

Bei aller gebotenen Kürze gibt es Themen, bei denen solche Knappheit des Wortes hölzern und spröde wirkt und an derselben Stelle ein entfalteter Attributsatz erheblich geeigneter wäre, weil er Platz für eine gewisse Stimmung und Lebendigkeit bietet, beispielsweise:

An der Wand hängt ein Foto, dessen kräftige Farben in langen Jahren schon sehr verblasst sind.
statt: *An der Wand hängt ein vergilbtes Foto aus früheren Zeiten.*
Es zeigt, wie unsere Enkelkinder in unserem Garten vergnügt schaukeln.
statt: *Es zeigt unsere schaukelnden Enkelkinder in unserem Garten.*
Daneben hängt ein Foto, das ich kürzlich in der Zeitung entdeckt, ausgeschnitten und gerahmt habe.
statt: *Daneben hängt ein ausgeschnittenes und gerahmtes Foto aus der Zeitung.*
Darunter befindet sich eine Kunstpostkarte, die ich auf einer Urlaubsreise in der Toskana gekauft habe.
statt: *Darunter befindet sich eine in der Toskana gekaufte Kunstpostkarte.*
Alle diese Bilder erzählen Geschichten, die wir selbst erlebt haben.
statt: *Alle diese Bilder erzählen erlebte Geschichten aus unserem Leben.*

Wie man sieht, ist der Unterschied zwischen den Sätzen geringfügig; aber kleine Unterschiede können eben auch feine Unterschiede sein.

Wer die Empfehlung zur Kürze, die wie ein Cantus firmus dieses Buch durchzieht, durch solche Gliedsätze gestört sieht, könnte nun auf den Gedanken kommen, die Partizipien selbst ein wenig zu erweitern, indem sie andere Wörter an sich binden, beispielsweise so:

Der fotografierende Mann ist ein Freund des Hauses.

Dieser Satz könnte erweitert so lauten:

Der das Brautpaar vor der Kirche fotografierende Mann ist ein Freund des Hauses.

Nun? Zufrieden? Oder doch lieber ein etwas längerer, aber doch eleganterer Attributsatz wie:

Der Mann, der das Brautpaar vor der Kirche fotografiert, ist ein Freund des Hauses.

Wer die Aufforderung zur Kürze nun noch konsequenter realisieren möchte, könnte gar versuchen, an das Partizip noch weitere Satzglieder zu hängen, beispielsweise so: *Der Film beginnt* **mit auf** *der Straße spielenden Kindern.* Grammatisch ist dieser Satz zwar korrekt gebildet; doch der Leser wird durch die beiden aufeinanderfolgenden Präpositionen leicht irritiert. Dies ließe sich verhindern, wenn wir das Partizip in einen Gliedsatz umwandelten, etwa so: *Der Film beginnt mit Kindern, die auf der Straße spielen.* Vielleicht wäre es auch sinnvoll, die Erweiterung ersatzlos zu streichen: *Der Film beginnt mit spielenden Kindern.* An die *mit an Sicherheit grenzender Wahrscheinlichkeit eintretenden Ereignisse* haben wir uns ja inzwischen gewöhnt; aber *ein Schnappschuss, auf dem das von dem durch die Brise bewegten Wasser reflektierte Mondlicht zu sehen ist,* ist doch wohl nur noch ein sprachlicher Krimi, dessen Sinn ein Detektiv auf die Spur kommen müsste. Einem normalen Leser fehlte vermutlich die Bereitschaft, solchen Text weiterzulesen.

Auch in kleinen Sätzen kreist ab und zu ein großer Gedanke. (Lec)

Wortlawinen rollen gewöhnlich von den Bergen der Dummheit. (Lec)

Gebrauch keine Wörter, die selbst nicht wissen, was sie bedeuten. (Lec)

Partizipien sollten möglichst ohne Erweiterung gebraucht werden; andernfalls sind Attributsätze zu bevorzugen.

So nicht:	Aber so:
Schön, dass du die gestern in der Stadt aufgenommenen Bilder heute schon abziehen lässt.	Schön, dass du die Bilder, die du gestern in der Stadt aufgenommen hast, heute schon abziehen lässt.
Erinnerst du dich an die in der Hauptstraße gesehenen Beamermodelle?	Erinnerst du dich an die Beamermodelle, die wir in der Hauptstraße gesehen haben?
Das Licht der auf dem Tisch stehenden Kerze reicht gerade zum Fotografieren mit einer Spezialeinstellung.	Das Licht der Kerze reicht gerade zum Fotografieren mit einer Spezialeinstellung.

Aufgabe 22

Entwirren Sie das Wortknäuel:

a. Auf dem vor dem Kölner Dom fotografierten Bild ist von dem berühmten Bauwerk nicht viel zu sehen.
b. Bei im Gegenlicht stehenden Objekten ist das Fotografieren nicht leicht.
c. Das dir mit dem neuen Apparat so gut gelungene Bild solltest du vergrößern lassen.

Sollen sich unsere Gedanken auf den Weg zum Leser nicht verändern, so haben wir sie klar und verständlich zu formulieren.
Dies verlangt nicht nur sorgfältige **Wortwahl,** sondern auch gezielte **Wortanordnung.** Nur wenn die Reihenfolge der Wörter genau dem entspricht, was wir meinen, haben wir die Chance, nicht missverstanden zu werden. Im Gegensatz zur Dichtung, deren Mitteilung einen weiten Verstehensspielraum lässt, hat informierende Schriftsprache **eindeutig** zu sein. Hierbei sollten wir also nichts dem Zufall überlassen.

Wortkomposition – um der Klarheit willen

Reihenfolge – Wichtiges darf betont werden

Da in unserer Sprache die Deklinationsform der Substantive meist an der Endung ablesbar ist, brauchen wir keine feste Satzgliedfolge – wie etwa das Englische –, um Eindeutigkeit zu erzielen. Die meisten der deutschen Satzglieder können selbst entscheiden, an welcher Stelle des Satzes sie stehen möchten.
Welche Ausdrucksmöglichkeiten sich aus solcher Freizügigkeit bei der **Positionswahl** ergeben, verdeutlichen einige Beispielsätze:

Den Othello singt heute ein Tenor aus Mailand.
Ein Tenor aus Mailand singt heute den Othello.
Heute singt den Othello ein Tenor aus Mailand.

Dieselben Wörter, dieselben Satzglieder, ein unterschiedlicher Sinn – das ist das Geheimnis der Positionswahl. Hinter diesem Phänomen steckt die schlichte Tatsache, dass Satzanfang und Satzende im deutschen Satz eine **Sonderstellung** einnehmen. Satzglieder, die im Mündlichen durch Änderung der Lautstärke oder der Stimmlage betont werden, sollten sich also im Schriftlichen um einen Platz im Vor- oder Nachfeld des Satzes bemühen; damit

sind die formalen Voraussetzungen dafür geschaffen, dass der Leser sie als wichtig erkennt.
Die begehrten Randplätze im Satz unterscheiden sich allerdings ein wenig voneinander:
Der **Satzanfang** ist naturgemäß die Stelle, an der man etwas Angestautes »loswerden« möchte. Das Sinnwort wirkt daher hier oft als sprachliches Ausrufezeichen, das dem Gefühl nahesteht, beispielsweise:

Hoffentlich *schafft er das hohe C.*
Schauspielerisch *überzeugt er auch.*
Endlich *habe ich diese Oper auf der Bühne gesehen.*
Groß *war die Begeisterung im Publikum.*
Nächstes Mal *wird »La Boheme« gegeben.*

Das **Satzende** gleicht dagegen mehr einem Schlusspunkt, auf den der Satz hingearbeitet hat. Das Sinnwort rundet daher an dieser Stelle oft einen Gedanken ab, der damit an sein Ziel gekommen ist, beispielsweise:

An der Abendkasse erhielten wir endlich **Karten.**
Von Beginn an herrschte angespannte **Ruhe.**
Die Sopranistin sang mit spielerischer **Leichtigkeit.**
Der Bühnenumbau vollzog sich **professionell.**
Die Inszenierung war besonders **eindrucksvoll.**

Wer also seine **Ausdrucksabsicht** bekräftigen möchte, ohne aufdringlich zu werden, sollte diese Nebenwirkung der Wortstellung gezielt nutzen. Wollen wir beispielsweise hervorheben, dass das Ensemble nicht zum ersten Mal großes Lob verdient, so sollten wir den wichtigen Wörtern einen Startplatz geben: **Wieder einmal** *verdient das Ensemble großes Lob.* Wollen wir dagegen die Leistung des Ensembles betonen, so passte eine andere Wortstellung besser: **Großes Lob** *verdient wieder einmal das Ensemble.* Und wollen wir darauf verweisen, dass auch die »Zauberflöte« auf dem Spielplan steht, so sollten wir dem Opernnamen einen Ehrenplatz im Nachfeld des Satzes reservieren, beispielsweise: *Auf dem Spielplan für die nächste*

Woche steht auch Mozarts **»Zauberflöte«.** Bei anderer Wortstellung bliebe diese Ausdrucksabsicht verborgen, etwa: *Für die nächste Woche steht Mozarts* **»Zauberflöte«** *auf dem Spielplan.* Oder *Mozarts* **»Zauberflöte«** *steht auf dem Spielplan der nächsten Woche.*
Obwohl wir möglichst bei jedem Satz die Wirkung der Wortanordnung bedenken sollten, dürfen wir uns nicht dazu verleiten lassen, besonders ausgefallen zu komponieren. Mit Raffinesse hat guter Stil nichts zu tun. Und falls wir feststellen, dass die Mehrheit unserer Sätze die Struktur

Subjekt – Prädikat – Objekt

aufweist, so können wir beruhigt sein; dies dient der Klarheit.
Solange wir im Gleichmaß ähnlich gebauter Sätze denkbedingte Abwechslung schaffen, hat alles seine Ordnung. Für drei Einzelfälle sei noch vorgesorgt:

1) Soll ein **Subjekt** erst gegen Ende des Satzes erscheinen, so darf der Satz nicht allzu lang sein; denn bevor der Leser nicht das Subjekt kennt, weiß er nicht, wovon eigentlich die Rede ist.
   Also nicht: *Der Aufführung von »Rheingold« aus Wagners »Ring der Nibelungen« im Festspielhaus am Hügel folgt morgen um die gleiche Zeit die* **»Walküre«.**
2) Auch eine übermäßige Erweiterung des Vorfeldes, die notwendigerweise das **Prädikat** verzögert, schmälert die Verständlichkeit.
   Also nicht: *Günstige Bedingungen für das künstlerische Niveau und die wirtschaftliche Rentabilität der Veranstaltung* **lassen** *sich durch fachmännische Vorplanung* **herstellen.**
3) Listenartige Aufzählungen stören an jeder Stelle den Gedankenfluss. Es wird daher empfohlen, sie in eine **Tabelle** umzuwandeln, die ans Ende des Satzes rückt.
   Also nicht: *In der vergangenen Spielzeit haben sie »Manon Lescaut«, »Lukrezia Borgia«, »Carmen«, »Tosca«, »Caval-*

leria rusticana«, »Die Hochzeit des Figaro«, »Aida«, »Elektra« und »Fidelio« im Opernhaus gespielt.

Manchmal ist es wieder hilfreich, einen Satz laut zu lesen. Dann hören wir ihn sozusagen mit den Ohren des Lesers, beispielsweise diesen Satz: *Zahlreiche Aufführungen haben die Veranstalter geplant.*

Der Satz enthält keinen Fehler, und doch versteht man ihn nicht sofort. Probleme bereitet die Zuordnung von **Subjekt** und **Objekt.** Zunächst erscheint es so, als seien die *zahlreichen Aufführungen* das Subjekt, über das man gleich Näheres erfährt, beispielsweise: *Zahlreiche Aufführungen haben das kulturelle Leben der Stadt bereichert.* Bei genauerem Hinsehen (oder beim lauten Lesen) merkt man jedoch, dass *die Veranstalter* das Subjekt des Satzes sind und die *zahlreichen Aufführungen* das Objekt.

Spätzündung: Subjekt nach 50 Wörtern Anlauf

Nachdem (1) der (2) letzte (3) Ton (4) der (5) Oper (6) »Macht (7) des (8) Schicksals« (9) in (10) der (11) ausverkauften (12) Arena (13) der (14) italienischen (15) Stadt (16) Verona (17), die (18) während (19) der (20) jährlichen (21) Festspiele (22) zur (23) Sommerzeit (24) von (25) zahlreichen (26) musikinteressierten (27) Ausländern (28) regelmäßig (29) besucht (30) wird (31), verklungen (32) ist (33), ertönt (34) im (35) Zuschaueroval (36), in (37) dem (38) bis (39) zu (40) diesem (41) Zeitpunkt (42) trotz (43) der (44) vielen (45) Menschen (46) Stille (47) geherrscht (48) hat (49), brausender (50) **Applaus.**

Die Ausdrucksabsicht sollte in der Wortstellung sichtbar werden.

So nicht:	Aber so:
Nach langwierigen Vorbereitungen auf der Ersatzbühne findet nun am Freitag im Großen Haus der Staatsoper die Generalprobe der Neuinszenierung statt.	Die Generalprobe der Neuinszenierung findet nach langwierigen Vorbereitungen auf der Ersatzbühne nun am Freitag im Großen Haus der Staatsoper statt.
Wegen der verwöhnten Ohren der Zuhörer und der anspruchsvollen Maßstäbe der Musikkritiker geben die Sänger ihr Bestes.	Die Sänger geben ihr Bestes wegen der verwöhnten Ohren der Zuhörer und der anspruchsvollen Maßstäbe der Musikkritiker.

Als Requisiten werden im zweiten Akt ein Strauß bunter Sommerblumen, ein großer Briefumschlag mit Siegel, ein schwarzer Dolch und mehrere Kästchen aus glänzendem Material benötigt.	Als Requisiten werden im zweiten Akt benötigt: ■ ein Strauß mit bunten Sommerblumen, ■ ein großer Briefumschlag, ■ ein schwarzer Dolch, ■ mehrere Kästchen aus glänzendem Material.

Aufgabe 23

Regeln Sie die Wortstellung so, dass der Leser besser mitdenken kann:

a. In der Musikhalle am Neumarkt wird morgen zugunsten eines wohltätigen Zweckes die angekündigte Galavorstellung gegeben.
b. Zur Unterstützung der Opfer und als Zeichen einer tätigen Solidarität mit den Betroffenen verzichten alle Mitwirkenden auf ihre Gage.
c. Demnächst ist eine konzertante Aufführung der »Norma« geplant, da die Vorbereitung solcher Veranstaltung nicht so aufwendig ist, da die Eintrittskarten preiswerter sein können und da dadurch der Spielplan abwechslungsreicher wird.

Wortzusammenhang – bitte keine Beziehungsstörungen

Das folgende Kapitel ist jenem Satzglied gewidmet, das in vielen deutschen Sätzen Trennungsängsten ausgesetzt ist: dem Prädikat. Ursache hierfür ist die Eigenart unserer Sprache, **zusammengesetzte Verben** oder **mehrgliedrige Prädikatsteile** im Satz voneinander zu lösen und die Einzelteile damit zu beauftragen, andere Satzglieder wie eine **Klammer** zu umschließen, beispielsweise:

Der Pressesprecher **teilte** *vor Journalisten das Ergebnis der Abstimmung* **mit.** (zusammengesetztes Verb *mitteilen*)
Das Ministerium **nahm** *in seinen neuen Durchführungsbestimmungen für den Straßenbau frühere Regelungen* **zurück.** (zusammengesetztes Verb *zurücknehmen*)
Das Abkommen **wird** *nach Rücksprache mit den amtlichen Stellen* **unterzeichnet.** (mehrgliedriges Prädikat *wird unterzeichnet*)

Für die meisten unserer Sätze stellt dieses Bauprinzip kein Problem dar; es hält einen Gedanken zusammen und sorgt für die nötige Spannung im Satz.
Manchmal aber wird dieses Umklammerungsgesetz zu einem Zerreißgesetz, dann nämlich, wenn die Trennung der Prädikatsteile einen Abbruch der Beziehungen verursacht.
Dies kann auf zweifache Weise eintreten:
Zum einen *kann* die Entfernung beider Teilstücke voneinander durch dazwischenliegende Satzglieder *so groß werden*, dass sie sich gegenseitig aus dem Auge verlieren, beispielsweise hier:

Die Gesetzesvorlage **soll** *die Situation alleinerziehender Mütter und Väter, die Ausübung einer familiär vertretbaren Berufstätigkeit ebenso wie die Entfaltungsmöglichkeit der Kinder deutlich* **verbessern.**
Das Wahlergebnis **wird** *noch unter den Aspekten der Wahlbeteiligung, der Altersgruppe, der Sozialzugehörigkeit, der geografischen Lage und anderer Kriterien* **analysiert.**
Ein Streik **ist** *bei anhaltender Wirtschaftslage und weiter steigender Inflationsrate, aber auch angesichts vermehrter Arbeitslosigkeit nicht mehr* **auszuschließen.**

Zum anderen kann das Verb auch so ungleich geteilt werden, dass die Spannung zwischen beiden Wortpolen nicht mehr ausreicht, um sich gegenseitig noch zu erreichen, beispielsweise:

Die Diplomaten beider Vertretungen **erkennen** *die Forderung der Kommission nach unbedingter Einhaltung der Fristen beim Abbau der Kontrollstellen* **an.**
Der Chef **legt** *Details über die Auslagerung der ganzen Abteilung mit allen Nebenstellen in einen anderen Gebäudekomplex auf der gegenüberliegenden Straßenseite* **dar.**
Am Nachmittag **lädt** *er alle Abteilungen aus seinem engeren Dienstbereich zu einer Beratung über den aktuellen Stand des Umzugs in den Innenhof des neuen Gebäudes* **ein.**

Unbedachte Trennung der Prädikatsteile kann außer der Unverständlichkeit des Satzes auch noch einen weiteren

Nachteil hervorrufen: Der Leser wird leicht auf die falsche Fährte gesetzt, bis sich dann am Schluss das Missverständnis auflöst, beispielsweise:

Der Legationsrat **hat** *die Idee einer neuen Vertragsvereinbarung zur gegenseitigen Unterstützung unerwartet* **abgelehnt.**

Durch das schillernde Wort *hat* wird wohl jeder Leser vermuten, dass die Idee einer neuen Vereinbarung vom Legationsrat stamme und dass demnächst weitere Verhandlungen bevorstünden ..., bis der vernachlässigte Prädikatsteil *abgelehnt* am Ende seinen Trumpf ausspielt.

Der Politiker **leugnet** *seine Verantwortung für die in seinem Bereich vorliegenden Missstände nach heftiger Kritik aus den eigenen Reihen* **nicht.**

Erst das letzte Wort dieses Satzes klärt darüber auf, dass der Politiker die Verantwortung für die Missstände in seinem Bereich übernimmt und sie – im Gegensatz zu der anfänglichen Lesererwartung – *nicht leugnet*.

Die Regierung **schließt** *Zusatzverträge mit den Bundesländern und einigen Kommunen im Norden Deutschlands* **aus.**

Auch in diesem Satz erfährt der Leser erst am Ende, dass die Regierung Zusatzverträge *ausschließt* und nicht *schließt*, wie man bis zu diesem Augenblick denken könnte.

Was tun, wenn das Wortgedränge die Ketten zwischen den beiden Prädikatsteilen zu sprengen droht?

In den meisten Fällen schafft ein kleiner Trick Abhilfe: Da es das Ziel ist, die Prädikatsteile näher aneinanderrücken zu lassen, muss man den eingeklemmten Satzgliedern einen anderen Platz zuweisen. Sie nehmen das Angebot sicher gern an, wenn sie durch **Umformulierung** zu einem Gliedsatz erhoben werden, der sich am Ende des Satzes ungestört ausbreiten darf. Auf diese Weise lassen sich die missratenen Beispielsätze so verändern, dass sie sich durchaus sehen lassen können, beispielsweise:

Die Diplomaten beider Vertretungen **erkennen** *die Forderung der Kommission nach unbedingter Einhaltung der Fristen beim Abbau der Kontrollstellen* **an.**

⇨ *Die Diplomaten beider Vertretungen* **erkennen** *die Forderung der Kommission* **an,** *die Fristen beim Abbau der Kontrollstellen einzuhalten.*

Der Legationsrat **hat** *die Idee einer neuen Vertragsvereinbarung zur gegenseitigen Unterstützung unerwartet* **abgelehnt.**

⇨ *Der Legationsrat* **hat** *unerwartet die Idee* **abgelehnt,** *einen neuen Vertrag zur gegenseitigen Unterstützung zu vereinbaren.*

Die Regierung **schließt** *Zusatzverträge mit den Bundesländern und einigen Kommunen im Norden Deutschlands* **aus.**

⇨ *Die Regierung* **schließt aus,** *dass Zusatzverträge mit den Bundesländern und einigen Kommunen im Norden Deutschlands zustande kommen.*

In einigen Fällen kann es auch nützlich sein, den gesamten Satz so umzuformulieren, dass er in zwei getrennten Sinneinheiten die Wortfülle bewältigen kann, beispielsweise:

Durch das Abkommen **sollen** *Erleichterungen im Personenverkehr durch Änderung der Grenzformalitäten und eine Ausweitung der Handelsbeziehungen* **erreicht werden.**

⇨ *Durch das Abkommen* **soll** *Folgendes* **erreicht werden:** *Erleichterungen im Personenverkehr durch Änderung der Grenzformalitäten und eine Ausweitung der Handelsbeziehungen.*

Endlich gemeinsam lachen

Simultanübersetzung ist eine hohe Kunst. Der Dolmetscher muss in der Lage sein, das gesprochene Wort noch während des Zuhörens zu übersetzen.

Auf ausländischen Kongressen häufen sich regelmäßig die Beschwerden deutscher Teilnehmer, ihre Übersetzer arbeiteten zu langsam. Hätten beispielsweise andere Kongressteilnehmer bei einer geistreichen Bemerkung längst gelacht, so warteten die Deutschen immer noch auf das letzte Wort des übersetzten Satzes, um dann zeitversetzt mitlachen zu können.

Solche Verzögerung ist jedoch sprachbedingt und hängt mit dem deutschen Satzbau zusammen: Da zusammengesetzte Verben und mehrgliedrige Prädikate den zweiten Teil erst am Schluss des Satzes bringen, ist sein Sinn oft erst mit dem letzten Wort klar.

Wenn die Redner sich jedoch an die Ratschläge dieses Kapitels halten, darf endlich gemeinsam gelacht werden.

Prädikate, deren Einzelteile durch grammatische Erfordernisse getrennt werden, sollten so angeordnet werden, dass ihre Zusammengehörigkeit offenkundig bleibt.

So nicht:	Aber so:
Die Delegierten werden heute über den Antrag auf Entsendung eines Beobachters zur Konferenz beraten.	Die Delegierten werden heute über den Antrag beraten, einen Beobachter zur Konferenz zu entsenden.
Der Botschafter kündigt im Fernsehen den Besuch seines Präsidenten in der Hauptstadt zum Nationalfeiertag an.	Der Botschafter kündigt im Fernsehen an, dass sein Präsident zum Nationalfeiertag die Hauptstadt besuchen werde.
Das Volk hat den Glauben an eine Verbesserung der wirtschaftlichen Verhältnisse in seinem Land längst verloren.	Das Volk hat längst den Glauben verloren, dass sich die wirtschaftlichen Verhältnisse in seinem Land verbessern.

Aufgabe 24

Ändern Sie die Wortanordnung so, dass der Sinn des Satzes an keiner Stelle Missverständnissen ausgesetzt ist:

a. Der Präsident nahm das Angebot zum Beitritt in das weltweit anerkannte Bündnis nicht an.
b. Die Mitglieder der Kommission schlugen ihren Vorsitzenden für das internationale Gremium vor.
c. Die Regierung hat den Plan zur Entsendung eines Sonderbeauftragten in die Nachbarstaaten aufgegeben.

Satzkomposition – Verständlichkeit hat Vorrang

Satzlänge – weil Lesen keine Konzentrationsübung sein soll

Der wahre Nationalcharakter der Deutschen ist Schwerfälligkeit; sie leuchtet hervor aus ihrem Gange, ihrem Tun und Treiben, ihrer Sprache, ihrem Reden, Erzählen, Verstehen und Denken, ganz besonders aber aus ihrem Stil im Schreiben, aus dem Vergnügen, welches sie an langen, schwerfälligen, verstrickten Perioden haben, bei welchen das Gedächtnis die ihm aufgelegte Lektion lernt, bis zuletzt, am Schluss der Periode, der Verstand zum Schluss kommt und die Rätsel gelöst werden. (Schopenhauer)

Nur wenigen ist es vergönnt, sich mit der Schreibkunst der Könner zu messen, von denen einige mühelos (?) Sätze mit folgenden Eigenschaften fertigbringen:

- Sie sind lang, manchmal eine ganze Seite lang.
- Sie sind grammatisch konsequent.
- Sie sind lesenswert.

Wir aber heißen nicht Thomas Mann, Heinrich von Kleist oder Franz Kafka und haben uns in aller Bescheidenheit mit der Frage zu beschäftigen, wie lang denn ein Satz sein soll, damit der Leser weder gelangweilt noch überfordert ist.

Kurzum, wie viele Wörter sollen sich zusammenschließen, wenn eine Gedankeneinheit ein lesenswerter Satz sein soll?

Um es gleich vorwegzusagen: Eine feste Maßzahl gibt es nicht, kann es nicht geben, da es »das Wort an sich« nicht gibt. Schon der Vergleich zweier inhaltsähnlicher Wörter wie *kurz* und *vorübergehend* zeigt, dass das Gewicht eines Wortes auch etwas mit seiner Silbenzahl und mit seinem Klang zu tun hat.

Im Wissen um die Problematik des bloß mechanischen Wörterzählens wollen wir trotzdem versuchen, durch eigene Beobachtung eine vorsichtige Antwort auf die Frage nach der empfohlenen Satzlänge zu finden.

Hierzu wählen wir die ersten Sätze dieses Kapitels als exemplarisches Untersuchungsobjekt:

Nur wenigen ist es vergönnt …

22 Wörter haben sich in drei Gruppen organisiert, um von den Fähigkeiten begabter Schreiber zu berichten. Die ersten 13 Wörter kommen forsch daher. Bei den letzten 9 stockt der Gang ein wenig; dies liegt aber nicht an der Größe der Wortgruppe, sondern vielmehr an der Eigenwilligkeit des Objekts *Sätze*, das seine Beziehung zu den

anderen nicht offen zeigt. 22 Wörter finden wohl ohne Schwierigkeiten den Weg zum Leser.

Sie sind lang …

Drei Stakkatosätze gönnen unserer Aufmerksamkeit eine kleine Atempause. 8, 4 und 3 Wörter »sitzen«; hier herrscht Übersicht. Solange sich die wenigen Wörter nicht zu viel vornehmen, sei ihnen die Satzbildung nicht verwehrt.

Wir aber heißen …

Diese 37 Wörter haben eine gute Entscheidung getroffen, als sie sich so diszipliniert zu Kleingruppen zusammengeschlossen haben, die hintereinandergehen. Das hätte bei der Menge sonst auch schiefgehen können.

Kurzum, wie viel Wörter …

14 Wörter spazieren in überschaubarer Anordnung zum Leser, nicht besonders viele, nicht besonders wenige. Kein Hindernis steht ihnen entgegen.

Die exemplarischen Beobachtungen führen also zu dem Ergebnis:

Minisätze

(im Umfeld von 5 Wörtern) können griffig sein, wirken aber leicht abgehackt und haben wenig Aussagemöglichkeiten.

Normalsätze

(im Umfeld von 15 bis 25 Wörtern) sind gut verständlich und geben genügend Raum für inhaltliche Differenzierung.

Maxisätze

(im Umfeld von 35 Wörtern) brauchen eine übersichtliche Binnenstruktur, damit sie nicht zu kompliziert werden. Offensichtlich ist die Frage nach der geeigneten **Satzlänge** eng mit der Frage nach der geeigneten Satzanordnung verknüpft (vgl. Seite 121 ff.).

Da dieses Ergebnis die Erfahrungswerte langjähriger sprachwissenschaftlicher Untersuchungen widerspiegelt, sei es zu der Aussage verallgemeinert: **Sätze mit 15 bis 20 Wörtern** haben gute Chancen, den Leser zu erreichen. (In deutschen Zeitungen und Sachbüchern stehen übrigens Sätze mit durchschnittlich 14 bis 16 Wörtern; diese Länge dürfte wohl als »leicht verständlich« bezeichnet werden.)

Soll aus diesen Feststellungen eine Empfehlung werden, so lautet sie:
Die Satzlänge sollte sich nach dem Satzinhalt richten. Dies wird den Gegenständen gerecht, um die es geht, und schafft natürliche Abwechslung. Im Sinne einer leserfreundlichen Sprache sei noch ergänzt: Die Anzahl der kürzeren Sätze sollte möglichst überwiegen.

Der normale Satz besteht aus 15 bis 20 Wörtern.
Die Satzlänge sollte – zum Inhalt passend – abwechslungsreich gestaltet sein. Im Zweifelsfall sollten kürzere Sätze gewählt werden.

So nicht:	Aber so:
Die Redaktionssitzung ist beendet. Die Artikel gehen in Druck.	Nach Beendigung der Redaktionssitzung gehen die Artikel in Druck. (1 × 9 statt 4 + 5 Wörter)
Die Herausgeber der Zeitung und die Redakteure für den Lokalteil sind sich darin einig, dass die Regionalnachrichten an einer anderen Stelle des Blattes erscheinen müssten, um auch die Aufmerksamkeit des eiligen Lesers zu erregen.	Die Herausgeber der Zeitung und die Redakteure für den Lokalteil sind sich darin einig: Die Regionalnachrichten müssten an einer anderen Stelle des Blattes erscheinen, um auch die Aufmerksamkeit des eiligen Lesers zu erregen. (13 + 19 statt 34 Wörter)
Mancher politisch interessierte Bürger will es genau wissen und liest täglich verschiedenartige Zeitungen, weil er hofft, dadurch ein objektiveres Bild vom Weltgeschehen zu erhalten.	Mancher politisch interessierte Bürger will es genau wissen. Er liest täglich verschiedenartige Zeitungen, weil er hofft, dadurch ein objektiveres Bild vom Weltgeschehen zu erhalten. (8 + 16 statt 24 Wörter)

Aufgabe 25

Wählen Sie eine Satzkomposition mit geschickterer Satzlänge:

a. Im Feuilleton stehen einige Leserbriefe. Sie beziehen sich auf die vorige Ausgabe.
b. Auf der Titelseite der Zeitung ist heute ein großformatiges Foto der »Sportlerin des Jahres« zu sehen, das sie beim Empfang der Auszeichnung zeigt, die sie mit Charme entgegennimmt.

c. Die Beilage der Tageszeitung ist heute besonders lesenswert, da sie den Veranstaltungskalender für den nächsten Monat enthält, aus dem man ersehen kann, was in der Stadt alles los ist.

Der plötzliche Spaziergang *(Franz Kafka)*

Wenn man sich am Abend endgültig entschlossen zu haben scheint, zu Hause zu bleiben, den Hausrock angezogen hat, nach dem Nachtmahl beim beleuchteten Tische sitzt und jene Arbeit oder jenes Spiel vorgenommen hat, nach dessen Beendigung man gewohnheitsgemäß schlafen geht, wenn draußen ein unfreundliches Wetter ist, welches das Zuhausebleiben selbstverständlich macht, wenn man jetzt auch schon so lange bei Tisch stillgehalten hat, dass das Weggehen allgemeines Erstaunen hervorrufen müsste, wenn nun auch schon das Treppenhaus dunkel und das Haustor gesperrt ist, und wenn man nun trotz alledem in einem plötzlichen Unbehagen aufsteht, den Rock wechselt, sofort straßenmäßig angezogen erscheint, weggehen zu müssen erklärt, es nach kurzem Abschied auch tut, je nach der Schnelligkeit, mit der man die Wohnungstür zuschlägt, mehr oder weniger Ärger zu hinterlassen glaubt, wenn man sich auf der Gasse wiederfindet, mit Gliedern, die diese schon unerwartete Freiheit, die man ihnen verschafft hat, mit besonderer Beweglichkeit beantworten, wenn man durch diesen einen Entschluss alle Entschlussfähigkeit in sich gesammelt fühlt, wenn man mit größerer als der gewöhnlichen Bedeutung erkennt, dass man ja mehr Kraft als Bedürfnis hat, die schnellste Veränderung leicht zu bewirken und zu ertragen, und wenn man so die langen Gassen hinläuft, – dann ist man für diesen Abend gänzlich aus seiner Familie ausgetreten, die ins Wesenlose abschwenkt, während man selbst, ganz fest, schwarz vor Umrissenheit, hinter die Schenkel schlagend, sich zu seiner wahren Gestalt erhebt. Verstärkt wird alles noch, wenn man zu dieser späten Abendzeit einen Freund aufsucht, um nachzusehen, wie es ihm geht.

Gedankenlänge und Satzlänge werden mit demselben Zentimetermaß gemessen.

Satzart – Hauptsachen haben Anspruch auf Hauptsätze

Hauptsätze sind Sätze, die von keinem anderen abhängen. In der Regel können sie allein stehen, beispielsweise:

Urlaubszeit ist für viele die schönste Jahreszeit und die meisten nutzen sie zu einer Erholungsreise.
- *Urlaubszeit ist für viele die schönste Jahreszeit. Die meisten nutzen sie zu einer Erholungsreise.*

Manchmal muss man ihre Wortanordnung erst verändern, damit ihre gedankliche Selbstständigkeit zutage tritt, beispielsweise:

Wenn die Touristen kommen, **erwachen viele verträumte Winkel aus ihrem Winterschlaf.**
- *Viele verträumte Winkel erwachen aus ihrem Winterschlaf.*

Nachdem die Touristen abgereist sind, **gehören solche Ferienorte bald wieder den Einheimischen.**
- *Solche Ferienorte gehören bald wieder den Einheimischen.*

Obwohl Urlaubsgäste meist recht willkommen sind, **verändern die vielen Fremden auch das Leben in dem Ort.**
- *Die vielen Fremden verändern auch das Leben in dem Ort.*

Nach Umstellung des Verbs erkennt man jeweils die Unabhängigkeit des Hauptsatzes.

Gliedsätze (auch **Nebensätze** genannt) sind abhängige Sätze (vgl. Seite 188 f.). Hierbei gibt es zwei unterschiedliche Arten der logischen Zuordnung:
Zum einen können Gliedsätze von einem Hauptsatz abhängen, beispielsweise:

Da wir uns unterwegs etwas anschauen möchten, *nehmen wir einen Reiseführer mit.*
Glücklicherweise ist der Ort so wenig bekannt, **dass er nicht überlaufen ist.**
Wir wussten, **dass sich der Abstecher lohnt.**

Zum anderen können sie aber auch von einem Gliedsatz abhängen, beispielsweise:

Wir planen einen Besuch im völkerkundlichen Museum, da wir wissen möchten, **wie es anderswo auf der Welt aussieht.**
Wir bummeln durch die Altstadt, die im Zentrum liegt, **wo sich auch der Bahnhof befindet.**
Wir bewundern die Fachwerkhäuser, weil sie eine Bautechnik aufweisen, **die zugleich statisch geeignet und ästhetisch ist.**

Der zweite Gliedsatz hängt hierbei jeweils vom ersten ab, der wiederum dem Hauptsatz untergeordnet ist.
Die Bezeichnung »Hauptsatz« und »Gliedsatz« bezieht sich zwar nur auf die **grammatische Bauform** der Sätze, dahinter steht aber auch eine **inhaltliche Unterscheidung:** Unabhängigen Sätzen entsprechen auch unabhängige Gedanken. Was dagegen nur gesagt werden kann, wenn zugleich etwas anderes gesagt wird, ist auch inhaltlich nicht selbstständig. Das sollte man zumindest meinen. Leider aber verstoßen wir manchmal gegen diese logische Selbstverständlichkeit und bringen Sätze zustande wie etwa:

Der Campingplatz, **der beim Unwetter schwer verwüstet wurde,** *lag nahe der Mühle.*

Sollte die Nähe zur Mühle, von der im Hauptsatz berichtet wird, wirklich wichtiger sein als die Folgen des Unwetters, die Inhalt des Gliedsatzes sind? Ähnlich auch:

Die Tatsache, **dass wir das Visum vergessen hatten,** *brachte uns viel Ärger.*

Der wichtige Ärger ist zwar durchaus hauptsatzwürdig. Dass aber die ungewöhnliche Ursache für den Ärger mit einem Gliedsatz vorliebnehmen muss, wird ihrer Bedeutung nicht gerecht.

Man teilte uns an der Rezeption mit, **dass das Hotel ausgebucht sei.**

Auch in diesem Beispielsatz steht leider die Hauptsache, dass nämlich das Hotel ausgebucht war, im Gliedsatz. Diese Beispiele sollen allerdings nicht zum regeren Gebrauch von Hauptsätzen auffordern; denn im Hauptsatz sollte ausschließlich das stehen, dem wir Bedeutung beimessen. Abzuraten ist also von Sätzen wie:

Wir wollten uns erfrischen und wir entschlossen uns zu einem Abstecher ans Meer.

Da der Entschluss zum Abstecher viel maßgeblicher ist als der Anlass, der dazu geführt hat, sollte der Wunsch nach Abkühlung in einem untergeordneten Gliedsatz Platz finden, beispielsweise:

Weil wir uns erfrischen wollten, *entschlossen wir uns zu einem Abstecher ans Meer.*

Auch in folgenden Satzreihen wäre der erste Hauptsatz besser ein Gliedsatz geworden:

Wir hatten ausgepackt und der Urlaub konnte beginnen.
⇨**Als wir ausgepackt hatten,** *konnte der Urlaub beginnen.*
Wir wollten bald baden und wir gingen zum Strand.
⇨**Um bald zu baden,** *gingen wir zum Strand.*

Wir sollten also bei jedem Satz entscheiden, wo unser **Aussageschwerpunkt** liegen soll: Wichtiges gehört in den Hauptsatz, Untergeordnetes gehört in den Gliedsatz und Belangloses gehört in den Papierkorb.
Gelegentlich fällt uns die Wahl zwischen Hauptsatz und Gliedsatz schwer. Solche Fälle sollten uns nicht allzu lange aufhalten, da wir logische Zusammenhänge oft in beiden Satzarten ausdrücken können, beispielsweise:

Satzreihe mit Einschränkung:

Wir haben **zwar** *keine Fische gefangen,* **aber** das *Angeln hat Spaß gemacht.*

Satzgefüge mit Einschränkung:

Obwohl *wir keine Fische gefangen haben, hat das Angeln Spaß gemacht.*

Satzreihe mit Begründung:

Die Wanderung war anstrengend; **denn** *der Weg war sehr steil.*

Satzgefüge mit Begründung:

Die Wanderung war anstrengend, **weil** *der Weg sehr steil war.*

Satzreihe mit Folgerung:

Es war schon spät geworden. **Also** *machten wir uns auf den Rückweg.*

Satzgefüge mit Folgerung:

Es war schon spät geworden, **sodass** *wir uns auf den Rückweg machten.*

Wir freuen uns über die Tatsache,
dass das Wetteramt mitgeteilt hat,
dass es morgen wärmer wird.

Wir kündigen daher an,
dass die Situation es endlich zulässt,
dass die Badesaison beginnen kann.

Die Folge davon ist,
dass die Umstände es dann auch erlauben,
dass wir eine Segeltour machen.

Wichtiges gehört in Hauptsätze, Untergeordnetes in Gliedsätze.

So nicht:	Aber so:
Es ist bekannt, dass die Luftveränderung in den ersten Urlaubstagen manchem zu schaffen macht.	Bekanntlich macht die Luftveränderung in den ersten Urlaubstagen manchem zu schaffen.
Sie reisten mit Freunden durch die Niederlande, wo sie bei vielen Alltagserlebnissen die Mentalität der einheimischen Bevölkerung kennenlernten.	Als sie mit Freunden durch die Niederlande reisten, lernten sie bei vielen Alltagserlebnissen die Mentalität der einheimischen Bevölkerung kennen.
Alle Passagiere waren an Bord und das Flugzeug konnte pünktlich starten.	Da alle Passagiere an Bord waren, konnte das Flugzeug pünktlich starten.

Aufgabe 26

Sorgen Sie dafür, dass Wichtiges im Hauptsatz und untergeordnetes im Gliedsatz steht:

a. Das Hotel lag so nah am Strand, dass wir das Meer nachts rauschen hörten.
b. Der Gebirgsbach fließt durch eine Schlucht, die wildromantisch ist.
c. Die Stadt, in der es jeden Tag etwas Neues zu entdecken gibt, ist aufregend.

Jedes Wort ist ein Gedanke – was man von den Sätzen nicht behaupten kann.
(Lec)

Es gibt Gedanken, die unfrisierte Perücken tragen.
(Lec)

Ich bin gespannt, wie meine Gedanken wären, wenn sie sicher sein dürften, dass ich sie nicht notiere.
(Lec)

Satzanordnung – Akrobatik nur für Profis und Angeber

Man sagt uns Deutschen nach, dass wir sehr gründlich seien. Es bleibe dahingestellt, ob dieses Urteil allgemein für uns zutrifft. Bücher, Akten und Zeitungen sind voll von Beweisen dafür, dass wir es jedenfalls mit dem Wort manchmal allzu genau nehmen. Um ja nicht missverstanden zu werden, fügen wir schnell noch eine kleine Erklärung ein, und die Erklärung der Erklärung lässt auch nicht lange auf sich warten: *Es muss uns doch gelingen, einen Gedanken, den wir mitteilen wollen, so zu formulieren, dass der Leser, an den wir uns wenden, auf keinen Aspekt, der uns wichtig ist, zu verzichten braucht.*

Das Ergebnis solcher Bemühungen nennt man anschaulich **Schachtelsatz.** Nehmen wir die einzelnen »Schachteln« auseinander, so ergibt sich folgende Struktur:

_________ = Hauptsatz:

Es muss uns doch gelingen

.... = Gliedsatz, der vom Hauptsatz abhängt:

einen Gedanken ... so zu formulieren

‘‘‘‘‘‘‘‘‘‘‘‘‘‘‘‘‘‘ = Gliedsatz, der vom Gliedsatz abhängt:

den wir mitteilen wollen
dass der Leser ... auf keinen Aspekt ... zu verzichten braucht

######## = Gliedsatz, der vom abhängigen Gliedsatz abhängt:

an den wir denken
der uns wichtig ist

Alles klar?
Natürlich ist der Beispielsatz etwas hergeholt. Aber die Schwäche, die er überspitzt veranschaulicht, entspricht leider der Schreibwirklichkeit. Im harmlosen Fall (wie im vorigen Satz) lieben wir es, uns selbst ins Wort zu fallen und mitten im Gedankenfluss des Hauptsatzes einen Gliedsatz einzufügen. In der Regel entspringen diese Einschiebsel einer lobenswerten Absicht: Wir haben nämlich nachgedacht und sind zu dem Ergebnis gekommen, dass die Kausalzusammenhänge der Welt so kompliziert sind, dass wir sie unmöglich einfach darstellen können. So kommt es dann, dass ein Gedanke den anderen ruft und im Gedränge logischer Forderungen mancher eingeklemmt wird. Zur Klärung gerufen, zum Übereifer verführt, bleibt oft nur noch ein Kampf um das bloße Überleben; und der hat bekanntlich andere Sorgen als die Feinheiten des Stils.

Solchen Schwierigkeiten können wir vorbeugen, indem wir uns entschließen, die komplexen Wirkungsbeziehungen der Welt **nacheinander** darzustellen statt miteinander. Was spricht eigentlich dagegen, sich erst das eine und danach das andere vorzunehmen? Der Leser erhält unsere Mitteilung ohnehin **in linearer Reihenfolge.** Warum sollten nicht auch wir unsere Gedanken bereits linear vorgeben? Mag unser Denken auch noch so vieldimensional sein – auf dem Papier gibt es nur eine einzige Leserichtung.
Dies alles soll nicht heißen, dass wir ab sofort keine Zwischensätze mehr zulassen, die sich höflich mit Komma ankündigen und verabschieden. Es soll nur dazu anregen, mit den eingekeilten Gliedsätzen sehr sparsam umzugehen und Unter-Unter-Gliedsätze möglichst zu meiden. Der Leser wird es danken.
Stattdessen sei eine schlichte Empfehlung gegeben: freie Fahrt für den **»klassischen« deutschen Satz.** Gemeint ist ein Satzgefüge, das aus **Hauptsatz mit nachfolgendem Gliedsatz** besteht.

Hören wir uns an, wie er klingt:
Er beginnt mit der getragenen Trompete des Hauptsatzes und endet mit dem Flötenspiel des Gliedsatzes, der den Satz gefällig ausklingen lässt.
Brauchen wir noch weitere Beispiele, um überzeugt zu sein?

Die letzten drei Satzgefüge haben zwar den Vorteil dieses Bauprinzips betont; sie werden aber zu Nachteilen, wenn wir nun alle Sätze nach diesem Schema formen. Auch hier gilt der Rat: Wechsel statt Eintönigkeit.
Und was tun, wenn gar kein Gliedsatz in Sicht ist? Erstens ist zu überlegen, ob es nicht an der Zeit wäre, einmal wieder einen einfachen Hauptsatz zu bieten. Zweitens besteht die Möglichkeit, durch Entfaltung eines Satzgliedes einen Gliedsatz herzustellen (vgl. Seite 90 ff.), beispielsweise so:

Durch Lesen können wir unseren Wortschatz erweitern.
⇨ *Wir können unseren Wortschatz erweitern, indem wir (viel) lesen.*

Beim Lernen des Englischen in England braucht man kaum Vokabeln zu pauken.
⇨ *Man braucht kaum Vokabeln zu pauken, wenn man Englisch in England lernt.*
Bei häufigem Schreiben kommt der Erfolg schneller.
⇨ *Wenn man oft schreibt, kommt der Erfolg schneller.*

Der langen Rede kurzer Sinn:

Schachtelsätze sind verboten.
Wie wärs stattdessen mit einer linearen Gedankenführung nach variablen Bauprinzipien?
Auch Hauptsätze mit nachfolgendem Gliedsatz dürfen ruhig mehrmals dabei sein.

So nicht:	Aber so:
Mit Sprache, die als Zeichensystem, auf das sich eine Sprachgemeinschaft geeinigt hat, der Verständigung unter den Menschen dient, können wir, wenn wir wollen, auch unsere Gefühle ausdrücken. (1 zweimal unterbrochener Hauptsatz, 2 fortlaufende Gliedsätze, 1 einmal unterbrochener Gliedsatz)	Sprache ist ein Zeichensystem, auf das sich eine Sprachgemeinschaft geeinigt hat. Sie dient der Verständigung unter den Menschen. Wenn wir wollen, können wir mit ihr auch unsere Gefühle ausdrücken. (3 Hauptsätze, 2 Gliedsätze)
Zeichensetzung, mit der sich manche Menschen, die sie seit der Schulzeit vergessen haben, so abmühen, ist gar nicht schwer zu lernen. (1 Hauptsatz, 2 fortlaufende Gliedsätze, 1 unterbrochener Gliedsatz)	Zeichensetzung ist gar nicht schwer zu lernen. Manche Menschen, die sie seit der Schulzeit vergessen haben, mühen sich (allerdings) mit ihr ab. (1 fortlaufender Hauptsatz, 1 von einem geeigneten Zwischensatz unterbrochener Hauptsatz)
Manche grammatischen Gesetze, die wir, weil sie sich so kompliziert anhören, nicht durchschauen, beherrschen wir, wenn es darauf ankommt, in der Praxis sehr wohl. (1 zweimal unterbrochener Hauptsatz, 2 fortlaufende Gliedsätze, 1 unterbrochener Gliedsatz)	Manche grammatischen Gesetze durchschauen wir nicht, weil sie sich so kompliziert anhören. In der Praxis beherrschen wir sie sehr wohl, wenn es darauf ankommt. (2 Hauptsätze, 2 Gliedsätze)

Aufgabe 27

Entschachteln Sie die Satzgefüge:

a. Mit Englisch und Französisch, den beiden Sprachen, die die meisten von uns in der Schule gelernt haben, als sie noch gar nichts von ihrem Nutzen ahnten, kann man heute viel anfangen.

b. Geschäftsreisende, die beruflich in Südamerika zu tun haben, sollten, um in Verhandlungen souverän auftreten und die Firmeninteressen besser wahrnehmen zu können, möglichst auch Spanisch sprechen.

Der Kontext zum Wort ist die Welt. (Lec)

c. Jemand, der seine Fremdsprachenkenntnisse auffrischen möchte, hat in der Volkshochschule und in Sprachinstituten, die Kurse mit verschiedenen Schwierigkeitsgraden anbieten, sodass man individuell »einsteigen« kann, jederzeit Gelegenheit.

Mancher kann es eben:

Der verlegene Magistrat *(Heinrich von Kleist)*

Ein H...r Stadtsoldat hatte vor gar nicht langer Zeit ohne Erlaubnis seines Offiziers die Stadtwache verlassen. Nach einem uralten Gesetz steht auf ein Verbrechen dieser Art, das sonst, der Streifereien des Adels wegen von großer Wichtigkeit war, eigentlich der Tod. Gleichwohl, ohne das Gesetz mit bestimmten Worten aufzuheben, ist davon seit vielen Hundert Jahren kein Gebrauch mehr gemacht worden: dergestalt, dass, statt auf die Todesstrafe zu erkennen, derjenige, der sich dessen schuldig macht, nach einem feststehenden Gebrauch, zu einer bloßen Geldstrafe, die er an der Stadtkasse zu erlegen hat, verurteilt wird. Der besagte Kerl aber, der keine Lust haben mochte, das Geld zu entrichten, erklärte, zur großen Bestürzung des Magistrats: dass er, weil es ihm einmal zukomme, dem Gesetz gemäß sterben wolle. Der Magistrat, der ein Missverständnis vermutete, schickte einen Deputierten an den Kerl ab und ließ ihm bedeuten, um wie viel vorteilhafter es für ihn wäre, einige Gulden Geld zu erlegen, als arkebusiert zu werden. Doch der Kerl blieb dabei, dass er seines Lebens müde sei, und dass er sterben wolle: dergestalt, dass dem Magistrat, der kein Blut vergießen wollte, nichts übrig blieb, als dem Schelm die Geldstrafe zu erlassen, und noch froh war, als er erklärte, dass er, bei so bewandten Umständen, am Leben bleiben wolle.

Logik – kein Platz für Zweideutigkeiten

Natürlich können wir folgerichtig denken und schreiben, und niemand braucht uns hierzu noch eine Lektion zu erteilen. Wenn wir nicht gerade unkonzentriert sind, ist die logische

Verknüpfung unserer Gedankenkette nun wirklich kein Problem. *Wieso soll sie dann noch Thema dieses Kapitels werden?* Sie? Wer? Die logische Verknüpfung oder die Gedankenkette? Die logische Verknüpfung ist natürlich gemeint. Grammatisch (und logisch) hat der Leser jedoch hier die Auswahl, und dies darf schlichtweg nicht sein.
Wollen wir das Verstehen unserer Sätze nicht der Laune des Lesers überlassen, so haben wir **eindeutig** zu formulieren. Schließlich ist es ein Unterschied, ob in dem folgenden Satz die Brieftasche dem Onkel oder dem Bruder gehört: *Onkel Paul gibt meinem Bruder* **seine** *Brieftasche.* Und es ist auch nicht unerheblich zu erfahren, wer eigentlich gemeint ist, wenn Tante Inge ihre Nichte wissen lässt, *sie lade sie zusammen mit ihrem Freund ein.*
Ähnlich auch:

Lara erzählt Helena, sie habe kürzlich **ihre** *Nachbarin getroffen.*
Thomas telefoniert mit Niko, der mit **seiner** *Schwester in dieselbe Schule geht.*
Meine Großeltern feiern mit meinen Eltern **ihren** *Einzug in die neue Wohnung.*

Für solche logischen Probleme sind jedoch nicht nur Possessivpronomen anfällig; auch Personalpronomen sind gefährdet, beispielsweise: *Unsere Enkel spielen Verstecken: Die Jungen müssen die Mädchen suchen, bis* **sie** *keine Lust mehr haben.* Wer bestimmt nun die Länge des Spiels? Die Jungen oder die Mädchen? *Meine Schwester verabredet sich mit meiner Schwägerin;* **sie** *wohnt in Aachen.* Wahrscheinlich beziehen die meisten Leser das Personalpronomen *sie* auf die *Schwägerin*, logisch (und grammatisch) käme aber auch die *Schwester* infrage.
Ebenso:

Mein Bruder besucht seinen früheren Lehrer; **er** *schätzt ihn sehr.*
Seine früheren Klassenkameraden treffen sich manchmal mit ihren Freundinnen. **Sie** *verstehen sich gut.*
Einer von ihnen hat schon einen Sohn; **er** *ist beim Klassentreffen dabei.*

Frau sucht Mann, mit Hund, mit dem sie ihren Lebensabend verbringen kann.

Auch Konjunktionen können manchmal für Verunsicherung sorgen, beispielsweise so: *Ich bitte um pünktliches Erscheinen,* **um** *die Festrede nicht zu stören.* Man ahnt, wie der Satz gemeint ist: Der Angesprochene möge bitte pünktlich sein, damit er die Festrede nicht störe. Logisch ist die Beziehung beider Sätze jedoch fehlerhaft, da sich der Gliedsatz grammatisch auf den Sprecher bezieht. Es müsste also korrekt heißen: *Ich bitte um pünktliches Erscheinen, damit* **Sie** *die Festrede nicht stören.* Ähnlich auch:

Der Gastgeber empfiehlt seinen Gästen sportliche Kleidung, um sich auf der Terrasse wohlzufühlen.
⇨ *... damit sie sich auf der Terrasse wohlfühlen.*
Für die Kinder hat er Spiele organisiert, um sich nicht zu langweilen.
⇨ *... damit sie sich nicht langweilen.*
Er bittet zum Büfett, um sich zu stärken.
⇨ *... damit sie sich stärken.*

Die logischen Beziehungen zwischen Wörtern und Sätzen müssen eindeutig sein.

So nicht:	Aber so:
Der Ehemann holt seine Frau ab, die bei ihrer Freundin ist, die er auch nach vielen Ehejahren immer noch liebt.	Der Ehemann holt seine Frau, die er auch nach vielen Ehejahren immer noch liebt, von ihrer Freundin ab.
Die Mutter erzählt ihrer Tochter am Telefon, dass der lang erwartete Brief für sie endlich gekommen sei.	Die Mutter erzählt ihrer Tochter am Telefon: »Stell dir vor, mein lang erwarteter Brief ist endlich gekommen.«
Peter bringt Paul nach Hause, obwohl er weit weg wohnt.	Peter bringt Paul nach Hause, obwohl dieser weit weg wohnt.

Aufgabe 28

Stellen Sie eindeutige Beziehungen her:

a. Carmen sitzt mit ihrer Schwester Lisa beim Frühstück und wundert sich über ihre Müdigkeit.

b. Rolf begleitet seine Nachbarin auf dem Heimweg von der Party, die sehr nett war.

c. Die Eltern unterhalten sich mit ihren Kindern über ihre Vorstellungen von der Zukunft.

Bei so vielen Spielregeln bleibt es nicht aus, dass sich doch mancher Fehler einschleicht. Um ihm den Weg zu versperren, soll auf einige Problemfälle hingewiesen werden.

Verneinung – unnötige Irritationen

Die Verneinung hat viele Gesichter. Im Normalfall tritt sie mit einem **gesonderten Wort** direkt auf, beispielsweise:

Dies habe ich **nicht** *gesagt.*
Es sind **keine** *Zwischenfragen zugelassen.*
Niemand *im Raum spricht.*
Ich habe **nichts** *gehört.*
Er hat **weder** *ein Konzept* **noch** *einen Stichwortzettel.*

Es ist aber auch möglich, durch **Vor- oder Nachsilben** eine Negation auszudrücken, beispielsweise:

un*wahrscheinlich*	⇔	*wahrscheinlich*
in*determiniert*	⇔	*determiniert*
*fehler***frei**	⇔	*fehlerhaft*
*widerspruchs***los**	⇔	*widerspruchsvoll*
Fehl*start*	⇔	*Start*

Drücken wir auf solche Weise eine Verneinung aus, so wird der Leser kein Verständnisproblem haben.
Anders liegt der Fall allerdings, wenn wir im Sinne von Seite 105 eine Verneinung möglichst weit am Satzschluss platzieren wollen. Dabei kann es nämlich vorkommen, dass sie nun ein Bezugswort verneint, das gar nicht gemeint ist, beispielsweise:

Ich kann hierauf abschließend **nicht** *antworten.*
statt: *Ich kann hierauf* **nicht** *abschließend antworten.*
Fehler lassen sich mit Sicherheit **nicht** *ausschließen.*
statt: *Fehler lassen sich* **nicht** *mit Sicherheit ausschließen.*
Einiges ist professionell **nicht** *durchgeführt worden.*
statt: *Einiges ist* **nicht** *professionell durchgeführt worden.*

Alle Probleme sind noch **nicht** *gelöst.*
statt: *Noch* **nicht** *alle Probleme sind gelöst.*
Dies kann gleich **nicht** *korrigiert werden.*
statt: *Dies kann* **nicht** *gleich korrigiert werden.*

Auch die **doppelte Verneinung** hat unterschiedliche Erscheinungsformen. In ihrer gewöhnlichen Ausprägung ist sie ohne Irritation zu verstehen:

Das hört sich **nicht un***recht an.*
Ihre Darlegung ist **nicht un***interessant.*
Ich möchte Ihren Vorschlag **nicht zurück***weisen.*
Das Ergebnis ist **nicht a***normal.*
Die Aktion ist **nicht miss***glückt.*

Bei manchen dieser Sätze wäre zwar zu überlegen, ob man die doppelte Verneinung nicht in eine Bejahung umwandelte, beispielsweise *geglückt* statt *nicht missglückt*. Bei solcher Bejahung fehlte jedoch die negative Konnotation. Sie wäre also um Nuancen verschieden von der doppelten Verneinung.
Die Verständlichkeit doppelter Verneinungen stößt allerdings an ihre Grenzen, wenn wir uns von den erhofften Zwischentönen so verführen lassen, dass wir nicht merken, wie sehr wir den Leser damit irritieren, beispielsweise:

Es gibt **keinen** *Zuhörer, der dies* **nicht** *verstanden hat.*
statt: *Jeder Zuhörer hat dies verstanden.*
Dies ist **nicht un***wichtig, da wir* **nicht** *möchten, dass* **keiner** *die Sache versteht.*
statt: *Dies ist wichtig, da wir möchten, dass jeder die Sache versteht.*
Dies wäre **nicht nur nicht** *wünschenswert, es würde auch der Sache schaden.*
statt: *Dies wäre nicht wünschenswert und würde auch der Sache schaden.*
Wir **lehnen** *es* **ab, keinen** *Gasthörer zuzulassen.*
statt: *Wir lassen Gasthörer zu.*
Keinem *Redner würde es* **miss***fallen, wenn der Saal voll wäre.*
statt: *Jedem Redner würde es gefallen, wenn der Saal voll wäre.*

Verneinungen sollten leserfreundlich formuliert sein.	
So nicht:	**Aber so:**
Alle Stimmen sind noch nicht ausgezählt worden.	Es sind noch nicht alle Stimmen ausgezählt worden.
Kein Zuhörer wird nicht in der Lage sein, dies zu verstehen.	Jeder Zuhörer wird in der Lage sein, dies zu verstehen.
Es lässt sich nicht feststellen, dass sie sich nicht richtig entschieden haben.	Es lässt sich feststellen, dass sie sich richtig entschieden haben.

Aufgabe 29

Wandeln Sie die Sätze so um, dass sie keine Irritationen mehr enthalten:

a. Ich habe den Text aufmerksam nicht gelesen.
b. Es gibt wohl niemanden, der dies nicht befürworten würde.
c. Wir melden uns nicht zu Wort, da wir nicht die Absicht haben, den Antrag abzulehnen.

Genitiv – der ungeliebte Außenseiter

Wenn wir nicht aufpassen, wird der **Genitiv** bald ein Exponat im Sprachmuseum sein; denn seit Langem lässt er sich alles gefallen. Was auch immer der Grund sein mag: Immer öfter räumt er für den **Dativ** das Feld in Zusammenhängen, in denen dieser gar keine Legitimation hat. Unmittelbare Gefahr droht ihm seitens der **Präposition** *von*. Dieses unscheinbare Wörtchen hat es sich offensichtlich in den Kopf gesetzt, das Genitivattribut entbehrlich zu machen. Unverhohlen bietet es seine Umschreibungsfähigkeit an und erdreistet sich, *das Buch ihres Freundes* in *das Buch von ihrem Freund* zu verwandeln.
Ähnlich unschön auch:

das Gedicht von Schiller	statt:	*Schillers Gedicht*
die Tragödie von Euripides	statt:	*Euripides' Tragödie*
das Buch von Aichinger	statt:	*Aichingers Buch*
der Artikel von Heine	statt:	*Heines Artikel*
der 1. Akt von dem Drama	statt:	*der 1. Akt des Dramas*

Da unsere Sprache aber zur Kennzeichnung der Zugehörigkeit über die Form des Genitivattributs verfügt, sollten wir auf diese klare und knappe Ausdrucksmöglichkeit nicht grundlos verzichten.

Eine zusätzliche Gefahr stellt die Präposition *wegen* dar: Obwohl das Substantiv ausnahmslos im Genitiv zu erscheinen hat, erteilt die Präposition *wegen* neuerdings auch Genehmigungen für den Dativ. Sie bemüht sich sogar *wegen diese***m** *Vorschlag* um Aufnahme in die grammatischen Richtlinien, wird jedoch weiterhin *wegen diese***s** *Vorschlag***s** in der Fehlerliste geführt. Es ist weiterhin korrekt:

wegen des Autors
wegen der Leser
wegen des Inhalts
wegen der Aktualität
wegen des Erscheinungstermins

Andere Präpositionen sind standhafter, beispielsweise:

anlässlich (der Veröffentlichung)
infolge (der Nachfrage)
hinsichtlich (des Verlaufs)
oberhalb (der Tribüne)
während (der Lesung)

Noch eine andere Wortart nimmt es nicht mehr so genau, in welchem Fall die zugehörigen Wörter stehen, das **Verb.** Immer öfter gibt es dem Dativ den Auftrag für das Objekt, statt *sich des korrekten Genitivs zu bedienen.* Beispielsweise regieren folgende Verben nur den Genitiv:

entbehren:	*Die Kritik entbehrt jeder Grundlage.*
bedürfen:	*Alles bedarf der Übung.*
sich vergewissern:	*Sie vergewissern sich des Ergebnisses.*
sich annehmen:	*Er nimmt sich des jungen Talents an.*
sich rühmen:	*Keiner rühmt sich seines Erfolges.*

Zur Existenzsicherung des Genitivs ist also besondere Aufmerksamkeit erforderlich.

Die Präposition *von* sollte nicht zur Umschreibung des Genitivattributs eingesetzt werden.
Die Präposition *wegen* regiert den Genitiv.
Verben, die den Genitiv regieren, dürfen ihr Objekt in keinen anderen Fall setzen.

So nicht:	Aber so:
Die Dramen von Brecht sind lesenswert.	Brechts Dramen sind lesenswert.
Wegen dem interessanten Leitartikel möchte ich die Zeitung aufheben.	Wegen des interessanten Leitartikels möchte ich die Zeitung aufheben.
Sie gedenken dem Jahrestag der großen Autorin.	Sie gedenken des Jahrestags der großen Autorin.

Aufgabe 30

Geben Sie dem korrekten Genitiv eine Chance:

a. Hast du schon einmal den »Erlkönig« von Goethe als Lied gehört?
b. Die Samstagsausgabe der Zeitung ist wegen den Anzeigen besonders seitenstark.
c. Sie bemächtigen sich dem umfangreichen Erbe.

Es wäre gut Bücher zu kaufen, wenn man die Zeit, sie zu lesen, mitkaufen könnte. (Schopenhauer)

Wenn wir lesen, denkt ein anderer für uns: wir wiederholen bloß seinen mentalen Prozess. (Schopenhauer)

Konjunktivgebrauch – immer noch modern

Noch eine weitere grammatische Form mögen die meisten Deutschen nicht, den **Konjunktiv.** Dabei ist es wahrlich ein Unterschied, ob sich etwas tatsächlich oder **möglicherweise** ereignet, beispielsweise:

Indikativ:	*Es wird erkennbar, dass er ein Profi* **ist.**
Konjunktiv:	*Er tat so, als ob er ein Profi* **sei.**
Indikativ:	*Er weiß, er* **wird** *ein Tor schießen.*
Konjunktiv:	*Er hofft, er* **werde** *ein Tor schießen.*
Indikativ:	*Es* **ist** *gelungen.*
Konjunktiv:	*Es* **wäre** *fast gelungen.*
Indikativ:	*Der Ball* **traf** *wirklich ins Tor.*
Konjunktiv:	**Träfe** *doch der Ball ins Tor!*
Indikativ:	*Das Spiel* **ist** *schon zu Ende.*
Konjunktiv:	**Wäre** *doch das Spiel schon zu Ende!*

Der Konjunktiv soll zur Stelle sein, wenn **keine Tatsachen** zur Sprache kommen, sondern **Mögliches, Unwirkliches** oder **Ungesichertes**. Er darf es daher nicht hinnehmen, durch Bequemlichkeit oder Unwissenheit verdrängt zu werden. Zwar muss er sich anhören, dass man ihn wegen seiner altmodischen Art meide; aber er weiß genau, dass gerade seine Vernachlässigung die Ursache dafür ist, dass er für ungeübte Ohren altmodisch wirkt.
Einschüchtern lässt er sich nicht. Er fürchtet nämlich um unsere Denk- und Schreibsorgfalt und setzt sich dafür ein, nicht den Unterschied zu verwischen zwischen dem, was ist, und dem, **was sein könnte.** Recht hat er ja. Denn nur, wer exakt formuliert, hat exakt gedacht.
Besonders gefährdet ist der **Konjunktiv Präsens,** der in der **indirekten Rede** zu stehen hat, beispielsweise: *Der Schiedsrichter sagt, der Spieler* **habe** *im Abseits gestanden.* Was wir nicht original hören, erfahren wir sozusagen aus zweiter Hand. Aber hat sich unser Mittelsmann auch nicht verhört? Vielleicht hat der Schiedsrichter gesagt, der Spieler stehe fast im Abseits. Bei solcher Ungewissheit wäre der Indikativ reiner Etikettenschwindel, da wir ja den Schiedsrichter nicht haben sprechen hören: »Der Spieler steht im Abseits.«
Wollen wir uns also präzise ausdrücken, so setzen wir das Verb der nicht wörtlichen Rede in den Konjunktiv Präsens. Freundlicherweise kündigen sich solche Fälle durch ein Signal im übergeordneten Satz mit Verben des Sagens an, etwa: *meinen, behaupten, sagen, fragen, versichern* wie beispielsweise in folgenden Sätzen:

Er **meint,** *dass das Spiel die Entscheidung bringe.*
Keiner **behauptet,** *dass es leicht sei.*
Sie **sagt,** *sie begleite ihn.*
Wir **fragen,** *ob wir mitkommen dürften.*
Er **versichert,** *es sei noch Platz im Auto.*

Eine Besonderheit zum Konjunktivgebrauch sei noch ergänzt: Es gibt Konjugationsformen, bei denen sich der

Konjunktiv Präsens äußerlich nicht vom **Indikativ Präsens** unterscheidet, beispielsweise:

Konjunktiv : *Aus der vorderen Reihe rufen Freunde, dass sie am Ausgang auf uns* ***warten.***
Indikativ: *Freunde rufen: »Wir* ***warten*** *am Ausgang auf euch.«*

In solchen Fällen wird statt des Konjunktivs Präsens der **Konjunktiv Präteritum** verwendet, also: *Aus der vorderen Reihe rufen Freunde, dass sie am Ausgang auf uns* ***warteten.*** Ähnlich auch:

Wir antworten, dass wir dorthin **kämen.** (statt: *kommen*)
Mein Nachbar ergänzt, wir **sähen** *uns gleich.* (statt: *sehen*)
Ein anderer meint, wir **sollten** *schon losgehen.* (statt: *sollen*)
Ich schlage vor, dass wir noch stehen **blieben.** (statt: *bleiben*)
Ich füge hinzu, dass wir ja noch Zeit **hätten.** (statt: *haben*)

In der indirekten Rede steht der Konjunktiv.
Im Normalfall ist der Konjunktiv Präsens zu wählen; wenn dieser sich nicht vom Indikativ unterscheidet, ersetzt man ihn durch den Konjunktiv Präteritum.

So nicht:	Aber so:
Er meint, der Ball ist über die Linie gerollt.	Er meint, der Ball sei über die Linie gerollt.
Sie sagen ihm, dass er sich geirrt hat.	Sie sagen ihm, dass er sich geirrt habe.
Wir erklären, dass wir die Entscheidung akzeptieren.	Wir erklären, dass wir die Entscheidung akzeptierten.

Aufgabe 31

Wandeln Sie den fälschlich gebrauchten Indikativ in den korrekten Konjunktiv um:

a. Sie behaupten, dass sie es genau gesehen haben.
b. Er wirft ihnen vor, dass sie parteiisch sind.
c. Sie fragt, ob sie sich nach dem Spiel treffen.

Deklinationsformen – in jedem Fall korrekt

In den allermeisten Sätzen schreiben wir ohne langes Nachdenken grammatisch korrekt. Doch manchmal stutzen wir. Heißt es nun *im Januar diese***s** *Jahres* oder *im Januar diese***n** *Jahres*? Auch wenn wir diese Zeitangabe inzwischen oft anders hören, hätten wir uns auf unseren ersten Einfall verlassen können. Es heißt richtig: *im Januar diese***s** *Jahres*, da das Pronomen stark dekliniert wird.
Es gibt aber leider noch andere Fälle, die uns irritieren: Besonders das **Adjektiv** macht uns Sorgen, wenn es **als Attribut** zur Begleitung eines Substantivs auftritt und sich entscheiden muss, ob im Dativ seine **Endung -m oder -n** lautet.
Heißt es *bei große***m** *Einsatz* oder *beim große***n** *Einsatz*? Beides ist korrekt, und man kann an diesem Beispiel sogar die grammatische Regel ablesen, die für solche Fälle gilt: Attributiv gebrauchte Adjektive werden **stark** dekliniert, wenn sie **ohne Artikel** auftreten, also beispielsweise:

*aus wichtige***m** *Grund*
*entgegen übliche***m** *Verfahren*
*mit gute***m** *Ergebnis*
*gegenüber frühere***m** *Brauch*
*gemäß gültige***m** *Gesetz*

Schwachheiten schaden nicht mehr, sobald wir sie kennen. (Lichtenberg)

Scharfsinn ist ein Vergrößerungsglas, Witz ein Verkleinerungsglas. (Lichtenberg)

Stehen sie jedoch **nach einem Artikel,** so werden sie **schwach** dekliniert und müssen dem Artikel das Endungs-m überlassen, also so:

*aus dem wichtige***n** *Grund*
*entgegen dem übliche***n** *Verfahren*
*mit dem gute***n** *Ergebnis*
*gegenüber dem frühere***n** *Brauch*
*gemäß dem gültige***n** *Gesetz*

Das Adjektiv erhält also im Dativ nur dann ein Endungs-m, wenn dieses im Artikel noch nicht vorweggenommen ist.

Sehr viele und vielleicht die meisten Menschen müssen, um etwas zu finden, erst wissen, dass es da ist. (Lichtenberg)

Auch die **nachgestellten Appositionen** bringen uns manchmal in Schwierigkeiten. Wir wissen zwar, dass man sie **in Kommas einschließen** muss; aber wir sind nicht immer sicher, in welchem Fall sie zu stehen haben.
Die Vorschriften hierzu sind allerdings ganz eindeutig; doch die Appositionen sind oft allzu eigenwillig und unbeugsam und widersetzen sich gern der geltenden Regel: Nachgestellte Appositionen stehen **in demselben Fall** wie das Substantiv, das sie erläutern, beispielsweise:

Der Zug, **das pünktliche Verkehrsmittel,** *rollt in den Bahnhof ein.* (Apposition im Nominativ)
Das Personal nimmt sich eines Kindes, **eines kleinen Jungen,** *an.* (Apposition im Genitiv)
Es half auch einem herrenlosen Hund, **einem verängstigten Dackel.** (Apposition im Dativ)
Viele Menschen bevorzugen jedoch ihr Auto, **das individuelle Fahrzeug.** (Apposition im Akkusativ)

Adjektive erhalten im Dativ nur dann ein Endungs-m, wenn dieses im Artikel nicht schon vorweggenommen ist.
Nachgestellte Appositionen stehen immer in demselben Fall wie das Substantiv, das sie erläutern.

So nicht:	Aber so:
In dem kleinem Wartesaal drängen sich viele Leute.	In dem kleinen Wartesaal drängen sich viele Leute.
Der Zoll kontrolliert das Auto, ein Lastwagen aus Belgien.	Der Zoll kontrolliert das Auto, einen Lastwagen aus Belgien.
Sie repariert das Fahrrad, ein betagter Drahtesel.	Sie repariert das Fahrrad, einen betagten Drahtesel.

Aufgabe 32

Ergänzen Sie die fehlenden Endungen:

a. Bei dem augenblickliche..... Verkehrschaos ist kein Taxi zu bekommen.
b. Er erzählt seinem Beifahrer, ein..... Kolleg....., von seiner letzten Dienstreise.
c. Sie nähern sich der angekündigten Abzweigung, ein..... unübersichtlich..... Kreuzung.

Konjugationsformen – der feine Unterschied

Dass **Gliedsätze** abhängige Sätze sind, wissen wir spätestens seit Seite 106. Sie sind aber nicht nur inhaltlich vom übergeordneten Satz abhängig (weswegen sie auch nie allein stehen können), sondern sie haben auch keine freie Wahl beim **Tempus.**
Meist ergibt sich dies ohne besondere Schwierigkeiten, dann nämlich, wenn Hauptsatz und Gliedsatz in derselben Zeit ablaufen, beispielsweise:

Wer nachts den Himmel betrachtet, kann viel entdecken. (Gegenwart)
Als die Astronauten 1969 auf dem Mond landeten, waren die Menschen begeistert. (Vergangenheit)
Wenn wir eines Tages zu anderen Planeten vorstoßen werden, werden sich unsere astronomischen Kenntnisse erweitern. (Zukunft)

Alle Beispielsätze lassen im Prädikat erkennen, dass das Geschehen im Hauptsatz und im Gliedsatz **gleichzeitig** abläuft.
Anders ist dies, wenn der Gliedsatz von etwas handelt, was früher stattfindet als das, was im Hauptsatz ausgesagt wird. Solche **Vorzeitigkeit** erfordert unsere Aufmerksamkeit bei der Tempuswahl im Gliedsatz:
Steht nämlich der **Hauptsatz im Präsens,** so muss bei Vorzeitigkeit der **Gliedsatz im Perfekt** stehen, beispielsweise:

Da wir von einer bevorstehenden Sonnenfinsternis **erfahren haben, stehen** *wir an einem günstigen Platz.*
Wir **sind** *sehr* **neugierig,** *weil wir noch nie ein solches Ereignis* **gesehen haben.**
Weil die Wissenschaft schon vieles **erforscht hat, verfügen** *wir heute über beachtliche Kenntnisse.*

Steht der **Hauptsatz** aber **in der Vergangenheit,** so muss bei Vorzeitigkeit der **Gliedsatz im Plusquamperfekt** stehen, der sogenannten Vorvergangenheit. Dies klingt zwar manchmal etwas hölzern, ist aber das einzige korrekte Tempus, beispielsweise:

Nachdem Galilei die Jupitermonde **entdeckt hatte, sah** *er seine Theorie bestätigt.*
Als er seine Erkenntnisse **veröffentlicht hatte, geriet** *er in große Schwierigkeiten.*
Bevor die Naturwissenschaftler alles real **gesehen hatten,** *kannten sie die Zusammenhänge nur theoretisch.*

Beim Konjugieren des Verbs gibt es noch eine andere Regel, die von Zeit zu Zeit ignoriert wird, die **Kongruenzforderung.** Sie verlangt von Subjekt und Prädikat, dass beide zueinander passen, wenn es um **Singular** oder **Plural** geht. Da das Verb mit seiner Formenvielfalt genug Gelegenheit hat, seine Souveränität zu zeigen, macht es ihm nichts aus, sich kooperationsbereit nach dem Subjekt zu richten, beispielsweise:

Auch **die Phasen** *der Venus* **wurden** *von Galilei durch das Fernrohr beobachtet.*

Manchmal jedoch vergisst das Prädikat, die Pluralform anzunehmen, da es den Plural gar nicht bemerkt. Dies kann leicht geschehen, wenn ein Satz **zwei Subjekte** aufweist, die mit *und* verbunden sind, etwa in Sätzen wie:

Auch für einen Laien **sind** *der große Wagen* **und** *der Polarstern gut am Himmel* **zu finden.**
Sirius im Sternbild des Hundes **und** *Capella im Fuhrmann* **sind sehr hell.**
Bei klarem Himmel **sind** *der kleine Wagen* **und** *der Jakobsstab im Orion im Osten* **zu sehen.**

Hier hilft nur Konzentration, um fehlerfrei zu schreiben.

Vorzeitige Gliedsätze stehen im Perfekt, wenn der Hauptsatz von der Gegenwart handelt. Sie stehen im Plusquamperfekt, wenn der Hauptsatz von der Vergangenheit handelt. Dem Plural des Subjekts entspricht der Plural des Prädikats.

So nicht:	Aber so:
Wir wissen heute so viel über das Weltall, weil unsere Vorfahren es erforscht hatten.	Wir wissen heute so viel über das Weltall, weil unsere Vorfahren es erforscht haben.
Nachdem wir im Planetarium gewesen sind, sahen wir alles mit anderen Augen.	Nachdem wir im Planetarium gewesen waren, sahen wir alles mit anderen Augen.
Der Ring des Saturns und die Phasen der Venus ist mit bloßem Auge nicht zu sehen.	Der Ring des Saturns und die Phasen der Venus sind mit bloßem Auge nicht zu sehen.

Aufgabe 33

Korrigieren Sie die Fehler:

a. Mancher ist tief beeindruckt, wenn er eine Sternschnuppe gesehen hatte.
b. Da die frühen Seefahrer sich die Konstellation der Gestirne gut eingeprägt haben, half ihnen dies beim Navigieren.
c. Der Sternhaufen der Plejaden und die W-Form der Kassiopeia ist am Himmel gut zu erkennen.

Grammatik – ein ausgetüfteltes System

Grammatik ist **der Bauplan unserer Sprache.** Sie besteht aus einem systematischen Gefüge der Strukturen, die unserer Sprache zugrunde liegen.
Ihre Hauptthemen sind die **Konstruktionsvorschriften,** nach denen wir unsere Wörter im Satz miteinander verknüpfen.

Wortarten – Spezialisten empfehlen sich

Wörter sind die **Bausteine** unserer Sprache. Wörter sind **Namen.** So wie die Buchstabenfolge *Shakespeare* für einen englischen Dramatiker steht, ist das Wort *rot* ein Name für eine bestimmte Farbe und das Wort *laufen* für unsere schnelle Fortbewegung.
Für die verschiedenen Erscheinungen der Welt verwenden wir Wörter unterschiedlicher Art. Im Deutschen stehen uns zehn Wortarten zur Verfügung:

Das Verb (aus lat. »Wort«)
Diese Wortart nimmt sich besonders wichtig. Sie fehlt in keinem deutschen Satz. Auch im *Duden* macht sie sich breit; denn ungefähr ein Viertel aller deutschen Wörter sind Verben. Sie heißen auch **Tätigkeitswörter** oder **Zeitwörter,** weil sie Ereignisse bezeichnen, die in der Zeit ablaufen (z. B. *rudern, glitzern*).
Größter Einsatzbereich für Verben sind **Handlungen** (z. B. *einsteigen, hochziehen*). Sie sind aber auch für **Vorgänge** zuständig (z. B. *flattern, fließen*) und für **Zustände** (z. B. *ruhen, sitzen*).

Das Substantiv
Die Gruppe der Substantive hat noch mehr Mitglieder als die der Verben. Über die Hälfte aller deutschen Wörter sind solche **Hauptwörter** bzw. **Dingwörter.** Diese Wortart fühlt sich nicht nur für Lebewesen und Gegenstände zuständig (z. B. *Fisch, Boot*), sondern auch für Immaterielles (z. B. *Sommer, Stimmung*).

Man benutzt Substantive also für **Konkretes,** das man mit den Sinnen wahrnehmen kann (z. B. *Wasser, Segel*), und für **Abstraktes,** das nur unseren Gedanken zugänglich ist (z. B. *Vergnügen, Gelegenheit*).

Das Adjektiv (aus lat. »beifügen«)
Diese Wortart will es genau wissen. Sie meldet sich zu Wort, wenn besondere **Merkmale** von Lebewesen oder Gegenständen zu erwähnen sind. Sie interessiert sich vor allem für deren Form, Aussehen und Beschaffenheit und hat sich deshalb die Bezeichnung **Eigenschaftswort** zugelegt.
Da sich Adjektive **zur näheren Kennzeichnung** von Lebewesen und Gegenständen eignen, werden sie meist zu Begleitern der Substantive (z. B. *weißes Segel, leichter Wind*).

Das Numerale (aus lat. »zählen«)
Unter den Adjektiven gibt es einige Spezialisten: die **Zahlwörter.** Ihr Arbeitstag beginnt, wenn **Mengenangaben** zu machen sind.
Ungefähre Mengenangaben erledigt das **unbestimmte Numerale** (z. B. *wenige, viele*), genaue Mengenangaben übernimmt das **bestimmte Numerale.** Diese haben sich in zwei Einzelgruppen organisiert: Stehen grundsätzliche Zahlen an (z. B. *eins, hundert*), dann haben die **Grundzahlen/Kardinalzahlen** Dienst. Sind Zahlen betroffen, die den Platz in einer geordneten Reihenfolge einnehmen (z. B. *der Erste, der Hundertste*), so werden die **Ordnungszahlen/Ordinalzahlen** benötigt.

Der Artikel
Substantive scheinen recht gesellige Wörter zu sein. Sie lassen sich nämlich nicht nur manchmal von einem Adjektiv oder einem Numerale begleiten, sondern sie lieben vor allem die Anwesenheit eines Artikels. Naturgemäß ist die Auswahl solcher **Geschlechtswörter** bescheiden: **maskulin/männlich, feminin/weiblich und neutrum/sächlich.**

Wahlweise stehen zwei Gruppen zur Verfügung: Wenn das dazugehörige Lebewesen oder der Gegenstand eindeutig ist, hat der **bestimmte Artikel** zur Stelle zu sein (z. B. *der Steg, die Anlegestelle*), andernfalls kommt der **unbestimmte Artikel** zum Einsatz (z. B. *ein Steg, eine Anlegestelle*).

Das Pronomen (aus lat. »Fürwort«)
Substantive treten nicht nur gern in Gesellschaft auf, sie lassen sich auch manchmal durch eine andere Wortart vertreten. Zu diesem Zweck hat sich ein ausgeklügeltes System von Begleitern und Stellvertretern entwickelt, das aus Pronomen besteht, den **Fürwörtern.**

Das Pronomenteam steht für verschiedene Fälle bereit:

Personalpronomen (aus lat. »Person«)
Das **persönliche Fürwort** tritt als allgemeiner Stellvertreter an den Platz des Substantivs. (z. B. *Im Hafen liegen Boote;* **sie** *schaukeln im Wasser.*)

Possessivpronomen (aus lat. »besitzen«)
Das **besitzanzeigende Fürwort** ist Ersatz für die Nennung des Besitzers. (z. B. *Die Jugendlichen steigen in* **ihr** *Boot.*)

Relativpronomen (aus lat. »sich beziehen auf«)
Das **bezügliche Fürwort** ersetzt ein Substantiv, auf das Bezug genommen wird. (z. B. *Kinder,* **die** *am Ufer sitzen, spielen.*)

Demonstrativpronomen (aus lat. »hinweisen«)
Das **hinweisende Fürwort** betont etwas, auf das besonders gezeigt werden soll. (z. B. **Dieses** *mag ich besonders gern.*)

Indefinitpronomen (aus lat. »unbestimmt«)
Das **unbestimmte Fürwort** steht anstelle eines nicht näher genannten Substantivs. (z. B. **Jemand** *hat das Seil gelöst.*)

Interrogativpronomen (aus lat. »fragen«)
Das **Fragepronomen** ist Stellvertreter für ein Substantiv, nach dem gefragt wird. (z. B. **Wer** *hat das Seil gelöst?*)

Das Adverb (aus lat. »beim Verb«)
Nicht nur Substantive haben ihre hilfreichen Mitarbeiter, auch Verben lassen sich gern unterstützen. Sie kommen allerdings mit einer einzigen Wortart aus, dem Adverb. Solchem **Umstandswort** fällt die Aufgabe zu, das nähere Drum und Dran des Geschehens bekannt zu geben, beispielsweise **Ort, Zeit, Grund** oder **Art und Weise.** (z. B. *hier/dort, jetzt/oft, daher/deshalb, gern/sehr*)
Da die Anzahl der echten Adverbien gering ist, leihen sie sich oft Teilzeitkräfte aus der Gruppe der Adjektive aus, um **das Verb zu erläutern.** (z. B. *Die Sonne scheint* **hell.**)

Präposition (aus lat. »vorangestellt«)
Diese **Verhältniswörter** haben dafür zu sorgen, dass Verhältnisse geklärt werden. Hierbei kann es sich um **Beziehungen zwischen den Dingen untereinander** handeln (z. B. *Die Tasche liegt* **auf** *der Bank:* Beziehung zwischen Tasche und Bank); Präpositionen können aber auch das **Verhältnis einer Sache zu einem Geschehen** ausdrücken.
(z. B. **Wegen** *seiner guten Laune pfeift er leise vor sich hin:* Beziehung zwischen Laune und Pfeifen)
In keinem Fall dürfen Präpositionen allein auftreten, sondern sie müssen **immer ein Substantiv** mitbringen. Ihre Unselbstständigkeit überspielen sie allerdings mit einem unerbittlichen Druckmittel: Sie zwingen mit dem Mittel der **Rektion** das Substantiv mit seinen Begleitern in einen bestimmten Fall. (z. B. *mit de***m** *Fuß, an de***n** *Füßen*)

Konjunktion (aus lat. »verbinden«)
Konjunktionen sind von Beruf **Bindewörter.** Ihr Ziel ist es, Ordnung zu schaffen zwischen Wörtern und Sätzen. Dabei geben sie unmissverständlich zum Ausdruck, ob die Elemente denselben Rang einnehmen oder auf unterschiedlicher Stufe stehen.
(**Nebenordnend** z. B. *Frühjahr* **und** *Herbst – Wollen wir zum Segeln gehen* **oder** *wollen wir in die Heide fahren?*
Unterordnend z. B. *Er befestigt das Tau,* **indem** *er einen Knoten knüpft.*)

Interjektion (aus lat. »dazwischenwerfen«)
Diese Wortart unterscheidet sich deutlich von allen übrigen. Ihre Vertreter sind Angehörige von Lauten, die sich als **Ausrufewörter** Gehör verschaffen. Die Interjektionen sind gefragt, wenn wir unsere **Empfindungen** spontan ausdrücken möchten (z. B. *oh! ach!*). Andere haben Meldepflicht, wenn wir **Aufmerksamkeit** erregen möchten (z. B. *hallo! he!*) oder wenn wir ein **Geräusch** nachahmen (z. B. *summ summ, klirr*).

Eine Übersicht über die Ämterverteilung unter den Wörtern ergibt folgenden Organisationsplan:

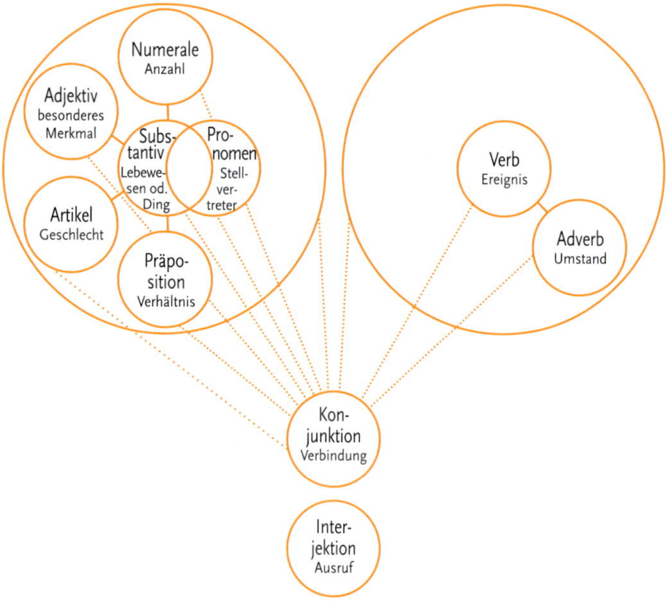

Aufgabe 34

Finden Sie die Fehler in den folgenden Zuordnungen:

a. Präpositionen sind: auf, unter, neben, nach, dann
b. Adverbien sind: heute, gegen, teils, nie, so
c. Konjunktionen sind: dieser, aber, denn, jedoch, bevor

Wortveränderungen – ganz schön flexibel

»Je ... vouloir ... acheter ...« – »Donde ... estar ... correo ...« Spätestens wenn wir im Ausland die Grundformen unserer kümmerlichen Sprachkenntnisse mühselig aneinanderreihen, merken wir: Die meisten Wörter müssen erst in Form gebracht werden, wenn sie zu den übrigen im Satz passen sollen.
Hierzu lassen sich einige Wörter beugen, andere aber nicht:

veränderlich/flexibel:	**unveränderlich/inflexibel:**
Verb	Adverb
Substantiv	Präposition
Adjektiv	Konjunktion
Artikel	Interjektion
Numerale	
Pronomen	

Hierbei geht das Verb bei seiner Beugung (Konjugation) durch besonderen Formenreichtum eigene Wege. Die übrigen veränderlichen Wortarten haben dagegen bei ihrer Beugung (Deklination) nur wenig Auswahl.

Konjugation der Verben

Wenn ein Verb in Ruhe gelassen werden will, dann nimmt es seine Grundform an, den **Infinitiv** (z. B. *lesen*, *verreisen*). Es hat allerdings nur selten dazu Gelegenheit; denn meistens steht es unter Zeitdruck.
Möchte ein Verb nämlich ein Wörtchen mitreden, so muss es zunächst **das Tempus/die Zeit** wählen, in der es auftreten möchte: Gegenwart, Vergangenheit oder Zukunft. Innerhalb dieser Zeitstufen ist dann noch zu entscheiden, ob die Zeit **noch andauern** soll oder ob sie **bereits abgeschlossen** sein soll.
Zur Wahl stehen:

- **Präsens/dauernde Gegenwart:** Es geschieht jetzt, z. B. *ich lese, du verreist*
- **Perfekt/vollendete Gegenwart:** Es ist jetzt geschehen, z. B. *ich habe gelesen, du bist verreist*

- **Präteritum/dauernde Vergangenheit:** Es geschah damals,
  z. B. *ich las, du verreistest*
- **Plusquamperfekt/vollendete Vergangenheit:** Es war damals geschehen,
  z. B. *ich hatte gelesen, du warst verreist*
- **Futur I/dauernde Zukunft:** Es wird geschehen,
  z. B. *ich werde lesen, du wirst verreisen*
- **Futur II/vollendete Zukunft:** Es wird geschehen sein,
  z. B. *ich werde gelesen haben, du wirst verreist sein*

Wie man sieht, treten bei einigen Tempora Zusatzwörter auf. Es sind die **Hilfsverben** *sein, haben* und *werden*. Sie werden benötigt zur Bildung von Futur I, Perfekt, Plusquamperfekt und Futur II.

Eine weitere Besonderheit ist noch am Präteritum (auch **Imperfekt** genannt) zu bemerken: Bei seiner Bildung (*ich l*a*s, du verreis*t*est*) erkennt man, dass es im Deutschen zwei Arten von Verben gibt, die starken und die schwachen Verben.

Die **starken Verben** sind so stark, dass sie ihr Präteritum ohne fremde Hilfe bilden können, indem sie ihren **Stammvokal ändern** (z. B. *ich g*e*be/ich g*a*b, du schr*ei*bst/du schr*ie*bst*).

Schwache Verben brauchen dagegen eine Unterstützung bei der Bildung des Präteritums; sie benötigen den Buchstaben **-t-,** den sie dann hinter ihrem Wortstamm **einfügen** (z. B. *ich überlege/ich überleg*t*e, du knobelst/du knobel*t*est*). (Dieser Buchstabe ist übrigens ein sprachliches Relikt aus einer Hinzufügung des Wörtchens *tat* – etwa im Sinn von *Ich tat überlegen*, ähnlich dem englischen *did*.)

Hat das Verb seine Zeitplanung erledigt, steht die nächste Entscheidung an, die Wahl des **Genus Verbi/der Handlungsrichtung:**

Will es das Heft selbst in der Hand behalten, so wählt es **das Aktiv/die Tatform** (z. B. *ich frage, du verplanst*). Überlässt es jedoch anderen, was geschehen soll, so wählt es

das Passiv/die Leideform (z. B. *ich werde gefragt, du wirst verplant*).
Manchmal wird ihm die Entscheidung allerdings abgenommen, da einige Verben nicht die Voraussetzungen zur Bildung des Passivs mitbringen, beispielsweise die Verben *glänzen*, *blühen*, die **intransitiv** sind.
Zu guter Letzt wird vom Verb noch eine klare Stellungnahme erwartet über seinen **Modus/die Aussageweise:** Entspricht die Aussage der Wirklichkeit, so hat sich das Verb die Form des **Indikativs/der Wirklichkeitsform** zu geben (so wie auf der vorigen Seite in den Beispielen für die Tempora *ich lese tatsächlich, du verreist tatsächlich*).
Ist die Aussage jedoch ungesichert, unwirklich oder nur möglich, so hat sich das Verb die Form des **Konjunktivs/der Möglichkeitsform** zu geben.
Hiervon gibt es zwei Arten: den Konjunktiv Präsens und den Konjunktiv Präteritum.
Der **Konjunktiv Präsens/Konjunktiv I** hat vor allem zur Stelle zu sein, wenn eine indirekte Rede wiedergegeben werden soll. (z. B. *Er sagt, er komme.*)
Man bildet ihn, indem man **nach dem Präsensstamm** den Buchstaben **-e- einfügt.** Die Formen lauten dann beispielsweise:

Indikativ Präsens:	**Konjunktiv Präsens:**
ich komme	*ich komme*
du kommst	*du komm-***e***-st*
er/sie/es kommt	*er/sie/es komm-***e**
wir kommen	*wir kommen*
ihr kommt	*ihr komm-***e***-t*
sie kommen	*sie kommen*

Mehrere Konjunktivformen unterscheiden sich allerdings nicht vom Indikativ, vgl. hierzu Seite 133.
Den **Konjunktiv Präteritum** braucht man immer dann, wenn die Aussagen nur gedacht, also **irreal** sind. (z. B. **Hätte** *ich doch heute mehr Zeit!* **Wäre** *ich doch schon fertig!*)

Starke Verben bilden ihn, indem sie **nach dem Präteritumstamm** den Buchstaben **-e- einfügen** und – falls möglich – ihren **Stammvokal umlauten,** beispielsweise:

Indikativ Präteritum:	**Konjunktiv Präteritum:**
ich kam	*ich k***ä***m***e**
ich begann	*ich beg***ä***nn***e**
ich fliege	*ich fl***ö***g***e**

Bei **schwachen Verben** ist der Konjunktiv Präteritum immer **identisch** mit dem Indikativ Präteritum. (z. B. *Es* **änderte** *sich. Wenn es sich doch* **änderte!**)
Für den Fall, dass eine Aussage eine **Aufforderung** oder einen **Befehl** enthält, kann das Verb als **Imperativ,** als Befehlsform, erscheinen. (z. B. *geh!/geht! – sieh!/seht!*)
Zu den unerlässlichen Aufgaben des Verbs gehört also die Entscheidung für eine bestimmte **Zeit,** eine bestimmte **Handlungsrichtung** und eine bestimmte **Aussageweise.**
Als Ausgleich für solchen Stress genießt das Verb jedoch ein besonderes Vorrecht: Es kann eine Wortform bilden, die auch als Adjektiv eingesetzt werden kann, das Partizip. (z. B. *der schaukelnde Kahn, das angesteuerte Ziel*)
Als **Mittelwort zwischen Adjektiv und Verb** kann es zwischen zwei Formen wählen:

- **Partizip Präsens/Verlaufsform** (mit der **Endung -d**)
  z. B. *der* **schaukelnde** *Kahn, das* **fließende** *Wasser*
- **Partizip Perfekt/Vollzugsform** (falls möglich, mit der **Vorsilbe ge-**)
  z. B. *das* **angesteuerte** *Ziel, der* **verabredete** *Zeitpunkt*

Deklination von Substantiv, Adjektiv, Artikel, Numerale und Pronomen

Gegen solche Handlungsfreiheit der Verben hebt sich der Spielraum der deklinierbaren Wörter geradezu bescheiden ab: **Vier Fälle/Kasus** stehen zur Auswahl:

- 1. Fall: **Nominativ** (Frage: wer oder was?)
- 2. Fall: **Genitiv** (Frage: wessen?)
- 3. Fall: **Dativ** (Frage: wem?)
- 4. Fall: **Akkusativ** (Frage: wen oder was?)

Beim Deklinieren wird eine Endung an den Wortstamm gehängt; manchmal wird auch der Stammvokal umgelautet: Aus a, o, u wird dann ä, ö, ü.
Für Substantive der **starken Deklination** gilt:

- Die Endung **-en** kommt nur im **Dativ Plural** vor (z. B. *den Frösch***en**).
- Substantive, die **maskulin** oder ein **Neutrum** sind, weisen im **Genitiv Singular** die Endung **-(e)s** auf (z. B. *des Frosch***es,** *des Pferd***es**).
- **Feminine** Substantive sind im **Singular endungslos** (z. B. Genitiv *der Maus*).

Für Substantive der **schwachen Deklination** gilt:

- **Alle Pluralformen** enden mit **-en** (z. B. *die Aff***en,** *die Ameis***en**).
- **Maskuline** Substantive sind im **Nominativ Singular endungslos** (z. B. *der Affe*). Die anderen Singularformen sind mit dem Plural identisch (z. B. *des Affen, die Affen*).
- **Feminine** Substantive sind im **Singular endungslos** (z. B. *die Ameise*).

Die **gemischte Deklination** wird im **Singular stark** und im **Plural schwach** dekliniert (z. B. *des Kaninchen***s**, *die Kaninch***en**).

Aufgabe 35

Beantworten Sie folgende Fragen:

a. Sind Präpositionen deklinierbar?
b. In welchem Tempus steht *sehen* in »Ich habe gesehen«?
c. Zu welcher Deklination gehört das Substantiv »Hase«?

Satzglieder – das bewährte Team

Wörter allein machen noch keinen **Satz;** sie müssen erst bestimmte Aufgaben übernehmen, um einen **Sinnzusammenhang** herstellen zu können.
Der einfache Satz hat mindestens zwei Arbeitsplätze zu vergeben.
Zunächst muss die Stelle des **Prädikats** besetzt werden, das für die **Satzaussage** zuständig ist. Es hat Auskunft zu

erteilen über das, was geschieht. Welche Wortart wäre hierfür besser geeignet als das Verb? Es hat etwas zu sagen, es ist flexibel – gerade recht für eine so verantwortliche Position, ohne die kein Satz Lizenz erhält. Wegen seines Formenreichtums und seiner Führungsfähigkeiten genießt das Verb in der Rolle des Prädikats hohes Ansehen und wird als **Rückgrat** des Satzes respektiert. Falls sich einmal kein voll ausgebildetes Verb (**Vollverb,** z. B. *arbeiten, zeichnen*) um diese Stelle bewirbt, kann sie auch an ein **Hilfsverb** vergeben werden, das jedoch nur **zusammen mit einem Adjektiv oder einem Substantiv** handlungsfähig ist. Das Hilfsverb heißt dann **Prädikatskern** und die Ergänzung **Prädikatsnomen.** Im Satz können sie beispielsweise folgende Gestalt annehmen:

Das Programm **startet.** (Vollverb)

Das Konzept **ist fertig.** (Hilfsverb mit endungslosem Adjektiv)

Der Computer **ist ein Arbeitsmittel.** (Hilfsverb mit Substantiv im Nominativ)

Man findet das Prädikat mit der Frage: Was wird ausgesagt?

Wer die Fähigkeit hat, **Kopf des Satzes** zu sein, kann als **Subjekt** eingestellt werden. Seine Aufgabe als **Satzgegenstand** ist es zu sagen, von wem eigentlich die Rede ist. (z. B. **Das Programm** *startet.* **Das Konzept** *ist fertig.* **Der Computer** *ist ein Arbeitsmittel.*)

Dies ist eine interessante Tätigkeit für die **Substantive.** Wenn sie dienstfrei haben, können sie sich von **Pronomen** vertreten lassen. (z. B. **Sie** *arbeiten.* **Dies** *ist fertig.*)

Das Subjekt muss immer im **Nominativ** stehen; man findet es daher mit der Frage: Wer oder was?

Da Subjekt und Prädikat aufeinander angewiesen sind, müssen sie besonders anpassungsfähig sein, d. h. Deklination und Konjugation sind exakt aufeinander abzustimmen. Ist die Koordination der Formen erfolgt, so ist die **Kongruenzforderung** erfüllt. (z. B. *Die Sekretärin arbeite***t.** *Die Sekretärinnen arbeit***en.**)

Im erweiterten Satz werden für die anfallenden Arbeiten im Satz noch weitere Mitarbeiter benötigt. Es zeigt sich nämlich, dass das Verb – bei aller Kompetenz – doch überfordert ist und eine **Satzergänzung** braucht. Beispielsweise wüsste man in dem Satz *Sein Kollege gibt* ... doch zu gern, **wem** sein Kollege etwas gibt und **was** er jemandem gibt. Hierüber könnte ein **Objekt** Auskunft geben, etwa: *Sein Kollege gibt* **dem Kunden ein Formular.** In welchem Kasus ein Objekt steht, entscheidet das Verb, dem alle Objekte unterstellt sind. Solche Richtlinienkompetenz des Verbs nennt man **Rektion** (vgl. auch Rektion der Präpositionen, Seite 143).

Vier Arten von Objekten stehen bereit:

1) **Akkusativobjekt:** Es gibt das **Ziel** der Handlung an.
   z. B. *Er öffnet* **die Tür.**
   Man findet das Akkusativobjekt mit der Frage: Wen oder was?
2) **Dativobjekt:** Es nennt die Person oder Sache, der sich die Handlung **zuwendet.**
   z. B. *Die anderen folgen* **ihm.**
   Man findet das Dativobjekt mit der Frage: Wem?
3) **Genitivobjekt:** Es nennt die Person oder Sache, die von der Handlung mit betroffen ist.
   z. B. *Es bedarf* **eines Tagesplans.**
   Man findet das Genitivobjekt mit der Frage: Wessen?
4) **Präpositionales Objekt:** Es wird mithilfe einer Präposition, die eine besonders enge Beziehung zum Verb hat, mit dem Prädikat verbunden.
   z. B. *Sie warten* **auf den Kurier.**
   Man findet das präpositionale Objekt mit demjenigen Fragepronomen, in dem die jeweils vorkommende Präposition eingeschlossen ist, im Beispielsatz also mit der Frage: Wor**auf?**

Damit im Satz gute Arbeit geleistet werden kann, werden oft noch zwei weitere Stellen angeboten: Gesucht werden Mitarbeiter, die bereit sind, einem Substantiv oder einem Verb als »rechte Hand« zuzuarbeiten. Verlangt wird von ihnen die Fähigkeit, **ein Wort näher zu beschreiben.**

Dies ist vor allem eine Chance für **Adjektive,** die als **Attribute,** als Beifügung, in den **Dienst der Substantive** treten. (z. B. *Das* **neue** *Telefon klingelt.*) Dieser Posten könnte auch von einem **Substantiv im Genitiv** besetzt werden. (z. B. *Das Telefon* **des Chefs** *klingelt.*) Auch **Präpositionen mit Substantiv** sind geeignet, diese Aufgabe wahrzunehmen. (z. B. *Das Telefon* **auf dem Regal** *klingelt.*) Und falls ein Substantiv bereit ist, sich dem Kasus des übergeordneten Substantivs anzupassen, so kann es als **Apposition** dort einen Arbeitsplatz bekommen. (Vorangestellte Apposition z. B.: **»Kollege«** *Telefon klingelt.* Nachgestellte Apposition z. B.: *Das Telefon,* **der Ruhestörer,** *klingelt.*) Nachgestellte Appositionen müssen allerdings damit einverstanden sein, sich durch Kommas vom übrigen Satz abzugrenzen. Das Substantiv kann also einen großen Mitarbeiterstab beschäftigen. Alle seine Attribute sind auskunftspflichtig, wenn es darum geht, Substantive näher zu erläutern.
Man findet Attribute mit der Frage: Was für ein?
Wenn **Verben** näher zu erläutern sind, bitten sie die **adverbiale Bestimmung** zu sich, die als **Umstandsbestimmung** arbeitet. Dies ist die große Stunde der **Adverbien.** (z. B. *Das Telefon klingelt* **jetzt.**) Aber auch **Adjektive** können als Teilzeitkräfte eingestellt werden, wenn sie sich ganz mit ihrer Rolle als »Adverb« identifizieren und sogar auf ihre Deklinationsfähigkeit verzichten. (z. B. *Das Telefon klingelt* **laut.**) Gefragt sind auch **Präpositionen mit Substantiv.** (z. B. *Das Telefon klingelt* **im Vorzimmer.**)
Folgende Arbeitsplätze sind zu vergeben:

- **Lokale adverbiale Bestimmung**/Ort:
  z. B. *Er zeichnet* **in sein Notizbuch.**
  Man fragt: Wo? Woher? Wohin?
- **Temporale adverbiale Bestimmung**/Zeit:
  z. B. *Er zeichnet* **oft.**
  Man fragt: Wann? Wie lange? Bis wann? Seit wann?
- **Modale adverbiale Bestimmung**/Art und Weise:
  z. B. *Er zeichnet* **gern.**
  Man fragt: Wie? Auf welche Weise?

- **Kausale adverbiale Bestimmung**/Grund:
  z. B. *Er zeichnet aus* **Spaß.**
  Man fragt: Warum? Aus welchem Grund?
- **Finale adverbiale Bestimmung**/Zweck:
  z. B. *Er zeichnet* **zum Zeitvertreib.**
  Man fragt: Wozu? Zu welchem Zweck?
- **Konditionale adverbiale Bestimmung**/Bedingung:
  z. B. *Er zeichnet* **bei guter Laune.**
  Man fragt: Unter welcher Bedingung?
- **Instrumentale adverbiale Bestimmung**/Mittel:
  z. B. *Er zeichnet* **mit dem Bleistift.**
  Man fragt: Womit? Wodurch?
- **Konsekutive adverbiale Bestimmung**/Folge:
  z. B. **Zu meinem Erstaunen** *zeichnet er.*
  Man fragt: Mit welcher Folge?
- **Konzessive adverbiale Bestimmung**/Einräumung:
  z. B. *Er zeichnet* **trotz fehlenden Talents.**
  Man fragt: Trotz welcher Voraussetzung?

Zum Abschluss noch ein kleines Gruppenfoto, das die Dienstverhältnisse festhält:

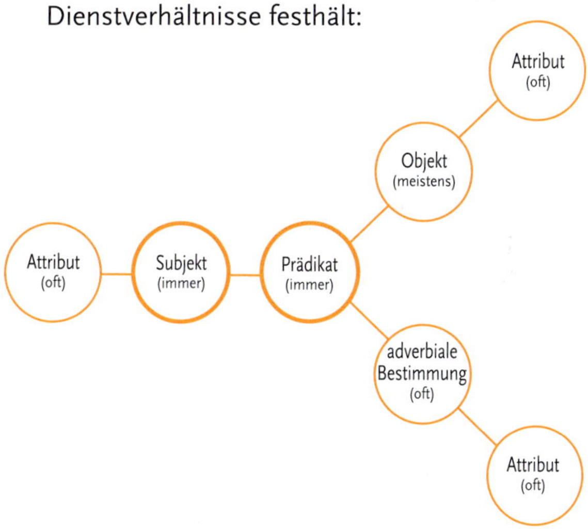

Subjekt und **Prädikat** bedingen einander.
Objekte sind als Ergänzungen dem Prädikat zuzuordnen.

Adverbiale Bestimmungen und **Attribute** gehören jeweils zu dem Satzglied, das sie erläutern:

- die **adverbiale Bestimmung zum Verb** im Prädikat,
- das **Attribut zum Substantiv** im Subjekt, im Objekt, in der adverbialen Bestimmung oder im Attribut selbst. (Für den Fall, dass das Prädikat einmal aus einem Hilfsverb mit Substantiv bestehen sollte, so kann sich das Attribut auch auf dieses Substantiv beziehen, z. B. *Die Herren sind Kunden* **der Filiale.**)

Aufgabe 36

Identifizieren Sie die gesuchten Satzglieder:

a. Nach Geschäftsschluss verlassen sie heute das Büro pünktlich. (Objekt gesucht)
b. Die Arbeit in der Buchhaltung läuft auf Hochtouren. (Attribut gesucht)
c. In der nächsten Woche findet ein Verkaufsseminar statt. (adverbiale Bestimmung gesucht)

Gliedsätze – falls zu viel Arbeit anfällt

Bekanntlich stellt man zusätzliches Personal ein, wenn die derzeitige Belegschaft die anstehenden Aufgaben nicht mehr allein bewältigen kann.
Diese Betriebserweiterung ist auch in einem Satz möglich, indem sich jedes Satzglied (außer dem Verb) zu einem **Gliedsatz** entfaltet – also zu einer Wortkomposition mit **Subjekt** und **Prädikat.**
Gliedsätze sind also **geräumige Satzglieder.** Sie haben **dieselbe Funktion** wie ihre entsprechenden Satzglieder und sind auch mit **denselben Fragen** zu finden:

Subjektsätze mit der Frage:	Wer oder was?
Objektsätze mit der Frage:	Wessen? Wem? usw.
Attributsätze mit der Frage:	Was für ein?
Adverbialsätze mit der Frage:	Wo? Wann? Wie? Wozu? usw.

Es sei nun an allen Satzgliedern gezeigt, wie sie zu Gliedsätzen werden können.

Auf diese Weise entstehen:

aus Subjekten	⇨	**Subjektsätze**
aus Objekten	⇨	**Objektsätze**
aus Attributen	⇨	**Attributsätze**
aus adverbialen Bestimmungen	⇨	**Adverbialsätze**

Subjekt ⇨ **Subjektsatz**

Dieses Turnier *ist eine gute Idee.*

⇨

Dass dieses Turnier stattfindet, *ist eine gute Idee.*

Interessierte Schachspieler *kommen heute hierher.*

⇨

Wer Schach spielen möchte, *kommt heute hierher.*

Objekt ⇨ **Objektsatz**

Der Organisator verkündet *den Ablaufplan.*

⇨

Der Organisator verkündet, **wie alles ablaufen soll.**

Helfer erklären *seine Darlegungen.*

⇨

Helfer erklären, **was er dargelegt hat.**

Attribute ⇨ **Attributsätze (auch Relativsätze genannt)**

Viele Menschen lieben das alte Spiel.

⇨

Viele Menschen lieben das Spiel, **das Tradition hat.**

Die Preise aus einer Stiftung spornen manchen an.

⇨

Die Preise, **die gestiftet worden sind,** *spornen manchen an.*

Adverbiale Bestimmung	⇨ **Adverbialsatz**
Adverbiale Bestimmung des Ortes	⇨ **Lokalsatz**
Überall	*wurde Schach gespielt.*
⇨	
So weit das Auge reichte,	*wurde Schach gespielt.*
Adverbiale Bestimmung der Zeit	⇨ **Temporalsatz**
Während des Gambits	*ist es ganz still im Saal.*
⇨	
Während das Gambit gespielt wird,	*ist es ganz still im Saal.*
Seit Spielbeginn	*herrscht Aufmerksamkeit.*
⇨	
Seit das Spiel begonnen hat,	*herrscht Aufmerksamkeit.*
Adverbiale Bestimmung der Art und Weise	⇨ **Modalsatz**
Durch viel Übung	*wird man ein guter Spieler.*
⇨	
Indem man viel übt,	*wird man ein guter Spieler.*
Auch durch Zuschauen	*lernt man manches.*
⇨	
Auch indem man zuschaut,	*lernt man manches.*
Adverbiale Bestimmung des Grundes	⇨ **Kausalsatz**
Wegen des großen Interesses	*sind alle Tische besetzt.*
⇨	
Weil das Interesse groß ist,	*sind alle Tische besetzt.*
Aus eigener Spielkenntnis	*können alle mitdenken.*
⇨	
Da alle das Spiel kennen,	*können alle mitdenken.*

Adverbiale Bestimmung des Zwecks ⇨ **Finalsatz**

Zur Förderung des Spiels *wird Werbung gemacht.*

⇨

Damit das Spiel gefördert wird, *wird Werbung gemacht.*

Zum Kennenlernen des Spiels *gibt es Schnuppertage.*

⇨

Damit man das Spiel kennenlernt, *gibt es Schnuppertage.*

Adverbiale Bestimmung der Bedingung ⇨ **Konditionalsatz**

Bei guter Konzentration *spielt man besser.*

⇨

Wenn man sich gut konzentriert, *spielt man besser.*

Adverbiale Bestimmung der Folge ⇨ **Konsekutivsatz**

Zu meiner Freude *klappt alles.*

⇨

Es klappt alles, **sodass ich mich freue.**

Zu meinem Erstaunen *machen andere mit.*

⇨

Andere machen mit, **sodass ich erstaunt bin.**

Adverbiale Bestimmung der Einräumung ⇨ **Konzessivsatz**

Trotz der Anstrengung *hat sich alles gelohnt.*

⇨

Obwohl es anstrengend war, *hat sich alles gelohnt.*

Trotz vieler Arbeit *waren alle zufrieden.*

⇨

Obwohl es viel Arbeit gemacht hat, *waren alle zufrieden.*

Zum Abschluss wird das Gruppenfoto auf den letzten Stand gebracht und veröffentlicht. Aus ihm sind die innerbetrieblichen Beziehungen zu ersehen. Aus Gründen der Übersichtlichkeit wurden auch hier seltener vorkommende Fälle nicht berücksichtigt:

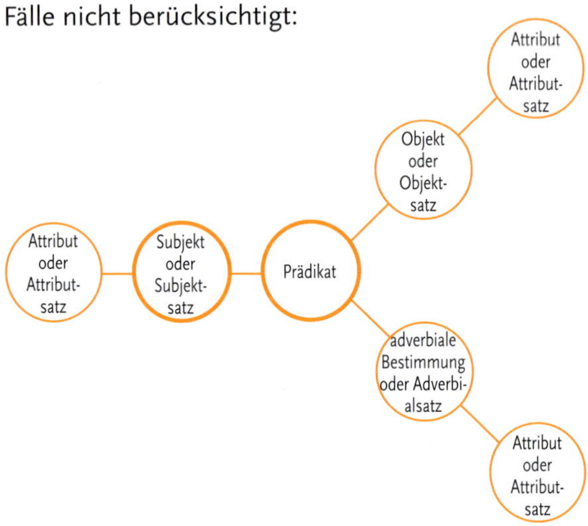

Aufgabe 37

Bestimmen Sie die Art der Gliedsätze:

a. Das Schachturnier, das heute durchgeführt wird, ist ein großes Ereignis.
b. Wenn wir Zeit haben, machen wir beim nächsten Mal wieder mit.
c. Obwohl es nicht auf das Gewinnen ankommt, gibt sich jeder sehr große Mühe.

Rechtschreibung

Faustregeln – kleine Tipps mit großer Wirkung

Bevor wir uns mit einigen aktuellen Rechtschreibregeln beschäftigen, gönnen wir uns eine kleine Atempause mit einem Blick in das Jahr 1643. Dort lesen wir bei dem Dichter Harsdörffer Folgendes:

I. Die Rechtschreibung der Teutschen Sprache bestehet in dem / daß ein jedes Wort / mit seinen eigentlichen Buchstaben / und mit derselben keinem zu wenig oder zuviel verfasset werde.
II. Die eigentlichen Buchstaben der Wörter / werden entweder von ihren Stammen / oder von derselben richtiger Außsprache erlernet.
III. Die Stammwörtlein sind entweder Teutsch / oder dem Teutschen einverleibt / und gleichsam eingepfropft / und weil diese Letzte in allem Verständnis bereit gefruchtet haben / können sie wol behalten werden / als: Testament / Evangelium / Apostel / rc.
IV. Die Teutsche Stammwörter werden von der andern Person der Gebietungsweise ihrer Zeitwörter hergenommen / als brauch / nicht brauche / dann dieses ist die gegenwärtige Zeit anzuzeigen / durch das e unterschieden / wie auch soll und solle / wil und will / ist ein Stammwort / darvon stammt Gebrauch / ungebräuchlich / Mißbrauch / rc. Welche Wörtlein aber kein Zeitwort haben / als ein Hund / Katz / Vogel / rc. haben ihren Stammen für sich / in dem sie alle einsylbig sein / und wann selbe zu Zeitwörtern könten gemacht werden / so würde ihr Stamm auch nicht anderst heissen.
...

Als Basis aller Regeln können folgende **Faustregeln** dienen:

Abgucken erlaubt!

Da der Stamm (fast) aller Wörter einer Wortfamilie gleich geschrieben wird **(Stammprinzip)**, sollte man das Stammwort suchen, von dem man abgucken kann.
Beispiele hierfür sind:

*Lei**t**gedanke*	⇦	*lei**t**en*
*lei**d**geprüft*	⇦	*lei**d**en*
*vermei**d**bar*	⇦	*vermei**d**en*
*bestrei**t**bar*	⇦	*bestrei**t**en*
*Hu**b**raum*	⇦	*he**b**en*
*Hu**p**konzert*	⇦	*hu**p**en*
*Erlau**b**nis*	⇦	*erlau**b**en*
*Pum**p**gerät*	⇦	*pum**p**en*

Schweißvorrichtung	⇦	*schweißen*
Weisheit	⇦	*weise*
nachweislich	⇦	*nachweisen*
verlässlich	⇦	*verlassen*
Väschen	⇦	*Vase*
Tässchen	⇦	*Tasse*
Quakgeräusche	⇦	*quaken*
genügsam	⇦	*genügen*
Fieptöne	⇦	*fiepen*
Betriebsamkeit	⇦	*betreiben*

Bei allen Beispielen handelt es sich um Wörter, die aus mehreren Teilen bestehen. Der fragliche Buchstabe ist immer ein Konsonant, der als **»Schlusslaut«** des ersten Teils jeweils an der Nahtstelle zwischen den Teilen steht. Wie auch sonst beim **Auslaut** (dem letzten Buchstaben eines Wortes) würde es nichts nützen, wenn man das Wort laut ausspräche, um die Schreibweise zu **hören.** Man kann an dieser Stelle **keinen Unterschied** wahrnehmen zwischen **b/p, d/t, g/k** und **s/ss/ß.** Im Stammwort derselben Wortfamilie liegt der Konsonant meist jedoch im **Inlaut,** sodass man sich die Schreibweise vom Gehör diktieren lassen kann.

Grundform gesucht!

Flektierte Wortformen richten sich nach der Schreibweise ihrer **Grundform.** Für konjugierte Wörter ist dies der **Infinitiv,** für deklinierte Wörter ist dies der **Nominativ Singular.**
Beispiele hierfür sind:

er winkt	⇦	*winken*
sie singt	⇦	*singen*
es sinkt	⇦	*sinken*
es klingt	⇦	*klingen*
er versenkt	⇦	*versenken*
es versengt	⇦	*versengen*

*es ha**k**t*	⇦	*ha**k**en*
*sie ja**g**t*	⇦	*ja**g**en*
*die W**ä**nde*	⇦	*die W**a**nd*
*die W**e**nden*	⇦	*die W**e**nde*

Nachdenken erwünscht!

Zusammengesetzte Wörter kann man leichter schreiben, wenn man sie in ihre einzelnen **Bauteile** zerlegt. Beispiele hierfür sind:

*Trüb***sal**	⇔	*Tanz***saal**
Stadt*teil*	⇔	**Statt***halter*
End*stufe*	⇔	**Ent***schuldigung*
*Rück***grat**	⇔	*Wärme***grad**
ur*tümlich*	⇔	**Uhr***zeit*

Achtung! Diese Schreibhilfe ist nicht identisch mit der Silbentrennung, die nach Sprechsilben entscheidet und heute manchmal mehrere Varianten zulässt, beispielsweise:

in – te – res – sant	oder	*in – ter – es – sant*
wa-rum	oder	*war – um*
Dip – lom	oder	*Di – plom*
Pub – li – kum	oder	*Pu – bli – kum*
In – dus – trie	oder	*In – du – strie*

Verlängern empfohlen!

Wie der **Auslaut** eines Wortes geschrieben wird, hört man, wenn man das Wort **durch Konjugation oder durch Deklination** (Genitiv Singular oder Nominativ Plural) **verlängert.** Beispiele hierfür sind:

*das Ba**d***	⇨	*die Bä**d**er*
*der Ra**t***	⇨	*des Ra**t**es*
*das Fahrra**d***	⇨	*des Fahrra**d**es*
*der Verra**t***	⇨	*des Verra**t**es*

der Hut	⇨	*des Hutes*
der Sud	⇨	*des Sudes*
die Saat	⇨	*die Saaten*
der Pfad	⇨	*die Pfade*
das Geleit	⇨	*des Geleites*
der Bescheid	⇨	*des Bescheides*
der Berg	⇨	*die Berge*
das Werk	⇨	*die Werke*
das Balg	⇨	*die Bälger*
der Kalk	⇨	*des Kalkes*
der Trug	⇨	*des Truges*
der Spuk	⇨	*des Spukes*
der Raub	⇨	*des Raubes*
der Lump	⇨	*die Lumpen*

Aufgabe 38

Setzen Sie die fehlenden Buchstaben und Wörter ein:

a. Bün____nis
Stammwort: ____________________

b. En____scheidung
Vorsilbe *ent-* oder Bedeutung »Ende«?

____

c. der Wir____
Verlängerung im Gen. Sg. ____________________

Konsonanten – Übung für sensible Ohren

Dieses Kapitel ist den Konsonanten gewidmet, die einzeln, in doppelter Ausführung oder sogar als Trio auftreten können.

Ausschlaggebend für die **Art und Anzahl der Konsonanten** sind die Buchstaben in ihrem Umfeld. Für die richtige Wahl des **Konsonanten** muss man also das Ohr für die **Buchstaben vor und nach ihm** schärfen.

Anzahl der Konsonanten:

- **Der einfache Konsonant steht:**
  nach langem Stammvokal, z. B.

*re***d***en*
*sa***g***en*
*lie***g***en*
*lo***b***en*
*blu***t***en*

nach Diphthong/Zwielaut, z. B.

*sau***s***en*
*heu***t***e*
*rei***b***en*
*Lau***b**
*Sai***t***e*

nach kurzem Stammvokal, wenn ein weiterer anderer Konsonant folgt (Konsonantenhäufung), z. B.

*He***rb***st*
*Ka***nt***e*
*We***lt**
*He***md**
*La***nd**

- **Der doppelte Konsonant steht:**
  nach kurzem Stammvokal zwischen zwei Vokalen, z. B.

*So***nn***e*
*re***nn***en*
*bru***mm***en*
*Ta***nn***e*
*Sti***mm***e*

nach kurzem Stammvokal am Wortende, z. B.

*ma***tt**
*Schri***tt**
*Tri***tt**

flott
nett

wenn die Grundform bereits einen Doppelvokal enthält, z. B.:

er kommt	⇦	*kommen*
sie trennt	⇦	*trennen*
sie gewinnt	⇦	*gewinnen*
es brummt	⇦	*brummen*
es entspannt	⇦	*entspannen*

wenn das zugrunde liegende Stammwort bereits einen Doppelkonsonanten enthält, z. B.:

Klappstuhl	⇦	*klappen*
Schaffner	⇦	*schaffen*
Rinnsal	⇦	*rinnen*
Tippschein	⇦	*tippen*
Rennstrecke	⇦	*rennen*

■ **Der dreifache Konsonant steht,**
wenn bei Wortzusammensetzungen drei gleiche Konsonanten zusammentreffen.
Zum besseren Verständnis darf man auch zwischen die Wortteile einen **Bindestrich** setzen, z. B.:

Bestellliste	oder	*Bestell-Liste*
Sperrriegel	oder	*Sperr-Riegel*
Schwimmmannschaft	oder	*Schwimm-Mannschaft*
Brennnessel	oder	*Brenn-Nessel*
Betttuch	oder	*Bett-Tuch*

■ **Ausnahmen bei der Verdoppelung der Konsonanten**
Es gibt einige Wörter, bei denen sich die **Schreibhilfen widersprechen,** dann nämlich, wenn sich die Schreibweise einerseits nach der Schreibung des **Stammworts** zu richten hätte (s. o.), andererseits aber **Konsonantenhäufung** vorliegt (vgl. Seite 163), beispielsweise bei dem Wort *sämtliche:* Das Stammwort lautet *sammeln;* daher müsste der

Konsonant *m* eigentlich verdoppelt werden. Da aber auch eine Konsonantenhäufung vorliegt, dürfte nur ein einfaches *m* stehen.
Bei der Schreibweise dieser Wörter hat sich der einfache Konsonant wegen der Konsonantenhäufung durchgesetzt. Weitere Beispiele sind:

*Geschä**ft***	trotz	*scha**ff**en*
*Gesta**lt***	trotz	*ste**ll**en*
*Inbru**nst***	trotz	*bre**nn**en*
*Ku**nst***	trotz	*kö**nn**en*
*Gesa**mt**heit*	trotz	*sa**mm**eln*

Besonderheiten bei Konsonanten

- **Die Schreibung der s-Laute**

  Man schreibt **s** im Inlaut, wenn der Laut weich/stimmhaft gesprochen wird, z. B.:

  *le**s**en*
  *gru**s**eln*
  *Ro**s**e*
  *bla**s**en*
  *rie**s**eln*

  Man schreibt **s** im Auslaut, wenn die Verlängerung weich/stimmhaft gesprochen wird, z. B.:

*Hau**s***	⇨	*die Häu**s**er*
*Mu**s***	⇨	*des Mu**s**es*
*Ei**s***	⇨	*des Ei**s**es*
*Gra**s***	⇨	*des Gra**s**es*
*Lo**s***	⇨	*des Lo**s**es*

  Man schreibt **s** nach Konsonant, z. B.:

  *Erb**s**e*
  *Lin**s**e*
  *wach**s**en*
  *Fel**s***
  *brem**s**en*

Man schreibt **ss** nach kurzem Vokal, wenn der Laut hart/stimmlos gesprochen wird, z. B.:

*ein bi**ss**chen*
*la**ss**en*
*Genu**ss***
*lä**ss**ig*

Man schreibt **ß** nach langem Vokal, wenn der Laut hart/stimmlos gesprochen wird, z. B.:

*Spa**ß***
*flie**ß**en*
*Stra**ß**e*
*grü**ß**en*

Man schreibt **ß** nach Diphthong/Zwielaut, wenn der Laut hart/stimmlos gesprochen wird, z. B.:

*au**ß**en*
*verhei**ß**en*
*bei**ß**en*
*rei**ß**en*

- **Die Schreibung der k-Laute und z-Laute**
  Man schreibt **k** bzw. **z** nach langem Vokal und nach Diphthong/Zwielaut, z. B.:

*qua**k**en*	–	*du**z**en*
*pie**k**en*	–	*Bre**z**el*
*pau**k**en*	–	*Wei**z**en*
*Schau**k**el*	–	*Kreu**z***

Man schreibt **k** bzw. **z** nach Konsonant, z. B.:

*star**k***	–	*kur**z***
*sen**k**en*	–	*sal**z**en*
*Wer**k***	–	*Schmer**z***
*wan**k**en*	–	*Gren**z**e*
*trin**k**en*	–	*Pil**z***

Man schreibt **k** bzw. **z** in den meisten Fremdwörtern, z. B.:

Lo**k**omotive	–	spe**z**iell
Scho**k**olade	–	so**z**ial
ele**k**trisch	–	Existen**z**
Taba**k**	–	Mar**z**ipan
Kro**k**ant	–	Pista**z**ie

Man schreibt **ck** bzw. **tz** nach kurzem Vokal, z. B.:

le**ck**er	–	Wi**tz**
tro**ck**en	–	Sa**tz**
Mü**ck**e	–	Mü**tz**e
we**ck**en	–	we**tz**en
A**ck**er	–	gli**tz**ern

Wir haben ſeit einiger Zeit Ferſchidnes an unſerer Ortografi ferendert. Dis zeigt, daß wir ire Mengel einſen. Aber wir ſind dabei mer nach Einfellen als nach Grundſezen, und nach diſen nicht ſo ferfaren, daß wir ſi überal, wo es geſchen muſte, angenommen hetten. Wär nur ein wenig in der Sache bewandert iſt, trift Beiſpiele genung dafon an. Und ſo iſt denn auch der Erfolg diſer fon wenigen angenomnen Ferenderungen gewäſen, daß unſre Rechtſchreibung dadurch nur noch ſchwankender geworden iſt. Si iſt jezt ſo beſchaffen, daß ſi ſelbſt di, welche ſi ſorgfeltig ſtudirt haben, durch Zweifel, wi dis und das zu ſchreiben ſei, ſer oft ferdrüſlich macht. Und wi mus es follends dänen, die ſi fil weniger kennen, das iſt den Meiſten, hir gen? Ich begreife nicht, wi man di Gabe einer ſo unausſprechlichen Geduld haben kan, und bei diſer Ungewiſheit nur eine Zeile ſchreiben mag. Aber äben durch diſes Schwankende iſt unſre jezige Rechtſchreibung zu einer Ferenderung nach Grundſezen reif geworden.

Friedrich Gottlieb Klopstock

Aufgabe 39

Ergänzen Sie die fehlenden Buchstaben:

a. n/nn: er ka___te – die Ka___te

b. s/ss/ß: das Fa___ – das Ma___

c. z/tz: schma___en – der Kran___

Großschreibung – eigentlich ganz einfach

Groß- und Kleinschreibung in einer Wortgruppe

- **Satzanfänge, Überschriften und Titel werden großgeschrieben**, z. B.:

> **D***ies ist ein Satz.*
> **G***estern sah ich den Film »***D***er Herr der Ringe«.*
> **K***ennst du den Text »***D***ie Fliegen«?*

- **Nach einem Doppelpunkt schreibt man groß, wenn danach ein vollständiger Satz (mit Subjekt und Prädikat) folgt,** z. B.:

> *In einer Demokratie gilt bei Wahlen ein ungeschriebenes Gesetz:* **K***ein wahlberechtigter Bürger darf an diesem Tag zu Hause bleiben.*
> *Was auch immer sei:* **J***eder Wahlberechtigte hat zu wählen.*
> *Das ist Ehrensache:* **A***n Wahlen nimmt man teil.*

Folgt nach einem Doppelpunkt kein vollständiger Satz, so schreibt man klein; z. B.:

> *In einer Demokratie gilt ein ungeschriebenes Gesetz:* **n***atürlich wählen gehen.*
> *Was auch immer sei:* **n***icht zu Hause bleiben.*
> *Das ist Ehrensache:* **z***um Wählen gehen.*

- **Substantivierung**

Fast jedes Wort lässt sich im Deutschen in ein Substantiv verwandeln. Dies vollzieht sich, wenn ein Wort einer **bestimmten Wortart davorsteht.**

Substantivierung nach Artikel, z. B.:

das **I***ch*
die **E***ins*
der **N***eue*
das **L***achen*
ein **K***ommen und* **G***ehen*

Substantivierung nach Pronomen, z. B.:

sein **M***alen*
ihr **F***ehlen*
euer **Z***uhören*
dieses **H***allo*
jenes **G***elb*

Substantivierung nach Präposition, z. B.:

mit **Z***ögern*
ohne **W***enn und* **A***ber*
außer **N***ebensächlichem*
unter **S***chluchzen*
durch **Ü***ben*

Substantivierung nach Adjektiv, z. B.:

buntes **T***reiben*
mildes **L***ächeln*
lautes **R***ufen*
helles **R***ot*
starkes **F***ärben*

Substantivierung nach unbestimmtem Numerale, z. B.:

etwas **I***nteressantes*
nichts **B***esonderes*
alles **G***ute*
manches **S***chöne*
einiges **E***rfreuliche*

Besonderheiten bei einigen Wortarten

- **Verben**

  Verben werden auch kleingeschrieben, wenn sie als Infinitiv mit *zu* verwendet werden, z. B.:

Wir lieben es, im Meer ***zu s****chwimmen.*
Es ist wunderbar, durch die Heide ***zu r****eiten.*
Ebenso schön ist es, in der Bucht ***zu s****egeln.*

- **Adjektive**

  Adjektive in festen Verbindungen mit einer Präposition werden großgeschrieben, z. B.:

im ***A****llgemeinen*
im ***Ü****brigen*
im ***W****esentlichen*
im ***G****roßen und* ***G****anzen*
im ***F****olgenden*

Achtung! Hierbei gibt es leider einige Ausnahmen, z. B.:

von ***n****ah und* ***f****ern*		
von ***N****ahem*	oder	*von* ***n****ahem*
von ***W****eitem*	oder	*von* ***w****eitem*
seit ***K****urzem*	oder	*seit* ***k****urzem*
seit ***L****angem*	oder	*seit* ***l****angem*

Adjektive werden nach Artikel kleingeschrieben, wenn sie sich auf ein Substantiv beziehen, das man in Gedanken ergänzt, z. B.:

Die falsche Schreibweise ist durch die ***r****ichtige (Schreibweise) zu ersetzen.*
Große Bücher stehen im Regal neben ***k****leinen (Büchern).*
Die neuen Bewohner des Hauses begrüßen die ***a****lten (Bewohner).*

- **Substantive**
  Substantive in festen Verbindungen mit einem Verb werden großgeschrieben, z. B.:

R*ad fahren*
S*chlittschuh laufen*
A*nteil nehmen*
K*lavier spielen*

Achtung! Bei einer Substantivierung werden beide Wörter zusammengeschrieben, z. B.:

das **A***utofahren, das* **A***ngsthaben, beim* **E***isessen*

Wenn jedoch ein Substantiv in seiner Verbindung mit einem Verb so verblasst ist, dass seine eigenständige Bedeutung kaum noch Gewicht hat, wird die Verbindung klein- und zusammengeschrieben, z. B.:

e*islaufen*
t*eilnehmen*
n*otlanden*
l*eidtun*

Bei einigen Verbindungen von Substantiv und Verb kann man die Schreibweise wählen, z. B.:

r*echt haben*	oder	**R***echt haben*
a*chtgeben*	oder	**A***cht geben*
m*aßhalten*	oder	**M***aß halten*
h*altmachen*	oder	**H***alt machen*

Bei einigen Verbindungen von Substantiv und Verb kann man die Schreibweise wählen, wenn das Verb als Partizip gebraucht wird, z. B.:

R*ad fahrende/***r***adfahrende Kinder*
N*ot leidende/***n***otleidende Bevölkerung*
S*chatten spendende/***s***chattenspendende Bäume*
E*isen verarbeitende/***e***isenverarbeitende Industrie*

Einige Substantive, die mit dem Hilfsverb *sein* oder *werden* eine feste Verbindung bilden, werden kleingeschrieben, z. B.:

s*chuld sein*
l*eid sein*
e*rnst werden*
g*ram sein*
a*ngst und* **b***ange werden*

- **Allerlei Einzelfälle**
Tageszeiten nach Zeitadverbien werden großgeschrieben, z. B.:

vorgestern **N***achmittag*
gestern **A***bend*
heute **M***orgen*
morgen **M***ittag*
übermorgen **V***ormittag*

Bei festen Verbindungen von Adjektiv und Substantiv als Name (beispielsweise für eine Person, ein geschichtliches Ereignis, eine Institution oder einen Ort) wird das Adjektiv meist großgeschrieben, z. B.:

Katharina die **G***roße*
der **W***estfälische Friede*
das **R***ote Kreuz*
das **T***ote Meer*
das **S***chwarze Meer*

Manchmal kann man die Schreibweise auch wählen, z. B. **b/B***lauer Brief,* **s/S***chwarzes Brett,* **r/R***ote Karte*
Herkunftsbezeichnungen auf *-isch* **werden meist kleingeschrieben,** z. B.:

die **f***ranzösische Art*
die **l***utherische Bibelübersetzung*
der **w***estfälische Schinken*
r*ussisches Roulette*

Die Höflichkeitsanrede *Sie* **und das entsprechende Possessivpronomen** *Ihr* **werden immer großgeschrieben,** z. B.:

Können **S***ie es mir geben? Ich nehme* **I***hr Angebot an.*

Die vertrauliche Anrede *du* **wird kleingeschrieben; nur in Briefen kann man sie auch großschreiben,** z. B.:

Lieber Franz, dass **du/Du** *heute kommst, freut mich.*

Aufgabe 40

Korrigieren Sie die Fehler der folgenden Sätze:

a. Mit lachen stürmen sie auf den großen Platz.
b. Nun kann es Ernst werden mit dem Spiel.
c. Morgen mittag verlassen sie die Stadt wieder.

Zusammenschreibung – ein bisschen Sprachgefühl

- **Verb und Verb**
  Die Verbindung zweier Verben wird in der Regel **getrennt** geschrieben, z. B.:

einkaufen gehen
spazieren gehen
schreiben lernen
ausruhen wollen
lesen üben

Bei der Verbindung mit dem Verb *bleiben* oder *lassen* als zweitem Bestandteil kann man die Schreibweise **wählen,** wenn die Verbindung **im übertragenen Sinn** gebraucht wird, z. B.:

sitzen bleiben/sitzenbleiben (im Sinn von *nicht versetzt werden*)
stehen lassen/stehenlassen (im Sinn von *sich abwenden*)
sich etwas bieten lassen/bietenlassen (im Sinn von *ertragen*)
laufen lassen/laufenlassen (im Sinn von *freilassen*)
stecken bleiben/steckenbleiben (im Sinn von *stocken*)

Die Verbindung von *kennen* und *lernen* kann man **wahlweise** schreiben:

kennenlernen/kennen lernen

- **Adjektiv und Verb**
  Die Verbindung von Adjektiv und Verb wird in der Regel **getrennt** geschrieben, z. B.:

laut sprechen
gemütlich plaudern
korrekt schreiben
fachkundig vortragen
aufmerksam zuhören

Achtung! Diese endungslosen Adjektive treten in den Beispielen grammatisch in der **Funktion eines Adverbs** auf, da sie das Verb erläutern.

Ergibt die Verbindung von Adjektiv und Verb eine **neue Gesamtbedeutung,** so schreibt man beide **zusammen,** z. B.:

satthaben (im Sinn von *einer Sache überdrüssig sein*)
offenbleiben (im Sinn von *ungelöst sein*)
schiefgehen (im Sinn von *misslingen*)
richtigstellen (im Sinn von *berichtigen*)
kürzertreten (im Sinn von *sich einschränken*)

Bei der Verbindung eines Verbs mit einem **einfachen Adjektiv,** das das Ergebnis der im Verb genannten Tätigkeit bezeichnet **(resultative Bedeutung),** kann man die Schreibweise **wählen,** z. B.:

klein schneiden/kleinschneiden
- *Klein* ist das Resultat des *Schneidens.*

warm machen/warmmachen
- *Warm* ist das Resultat des *Machens.*

kalt stellen/kaltstellen
■ *Kalt* ist das Resultat des *Stellens.*
blank putzen/blankputzen
■ *Blank* ist das Resultat des *Putzens.*
glatt hobeln/glatthobeln
■ *Glatt* ist das Resultat des *Hobelns.*

Bei der Verbindung eines Verbs mit einem **zusammengesetzten** oder **erweiterten Adjektiv** schreibt man **getrennt,** z. B.:

sehr *klein schneiden* (erweitertes Adjektiv)
lau*warm machen* (zusammengesetztes Adjektiv)
ganz *kalt stellen* (erweitertes Adjektiv)
blitz*blank putzen* (zusammengesetztes Adjektiv)
recht *glatt hobeln* (erweitertes Adjektiv)

- **Adverb und Verb**
  Trägt hierbei das **Adverb** den **Hauptakzent,** so schreibt man meist **zusammen,** z. B.:

aufeinánderfolgen
ábwärtsgehen
zusámmenkommen
dazwíschenrufen
híerbleiben

Wird in dieser Verbindung **auch** das **Verb betont,** so schreibt man meist **getrennt,** z. B.:

aufeinánder légen	(beispielsweise nicht *werfen*)
ábwärts géhen	(beispielsweise nicht *laufen*)
zusámmen sítzen	(beispielsweise nicht *stehen*)
miteinánder réden	(beispielsweise nicht *lachen*)
vórwärts stóßen	(beispielsweise nicht *schieben*)

Verbindungen mit dem Hilfsverb *sein* werden **getrennt** geschrieben, z. B.:

beisammen sein
los sein
vonnöten sein
vorbei sein
da sein

- **Verbindungen mit Adjektiv**
  Man schreibt Verbindungen eines anderen Wortes mit einem Adjektiv **zusammen,** wenn einer der Bestandteile **nicht als selbstständiges Wort** vorkommt, z. B.:

letztmalig
redselig
blauäugig
kleinmütig
vieldeutig

Man schreibt die Verbindung von **zwei Adjektiven zusammen,** wenn beide Bestandteile **gleichrangig** sind, z. B.:

blaugrau
dunkelrot
feuchtwarm
nasskalt
taubstumm

Bei der Verbindung mit einem **einfachen Adjektiv** kann man **wählen,** wenn der erste Bestandteil eine **Abstufung** enthält, z. B.:

allgemein gültig/allgemeingültig
eng verwandt/engverwandt
schwer verdaulich/schwerverdaulich
leicht verständlich/leichtverständlich
schwer krank/schwerkrank

Ist der erste Bestandteil jedoch **erweitert** oder **gesteigert,** so schreibt man **getrennt,** z. B.:

ganz allgemein gültig	(Erweiterung)
sehr eng verwandt	(Erweiterung)
schwerer verdaulich	(Steigerung)
leichter verständlich	(Steigerung)
sehr schwer krank	(Erweiterung)

Bei Verbindungen von *nicht* mit einem Adjektiv kann man **wählen,** z. B.:

eine nicht öffentliche/nichtöffentliche Sitzung
eine nicht operative/nichtoperative Behandlung
eine nicht blühende/nichtblühende Pflanze
ein nicht endender/nichtendender Stau
eine nicht selbstverständliche/nichtselbstverständliche Lösung

- **Mehrteilige Adverbien**

Man schreibt solche Verbindungen **zusammen,** wenn die Bedeutung der einzelnen **Bestandteile nicht** mehr **deutlich** zu erkennen ist, z. B.:

beizeiten
deinetwegen
infolgedessen
zugegebenermaßen
zuallererst

- **Substantiv und Partizip**

Man schreibt solche Verbindungen **zusammen,** wenn es sich um ein Wort handelt, das **aus einer Wortgruppe verkürzt** wurde, z. B.:

angsterfüllt	(⇦ **von** Angst erfüllt)
butterweich	(⇦ weich **wie** Butter)
milieubedingt	(⇦ **durch das** Milieu bedingt)
altersschwach	(⇦ schwach **vom** Alter)
lebensfremd	(⇦ fremd **dem** Leben **gegenüber**)

- **Präposition und Substantiv**

Man schreibt solche Verbindungen zusammen, wenn das **Substantiv** stark **verblasst** ist, z. B.:

anhand
infolge
zuliebe
zufolge

Ist die Bedeutung jedoch noch klar **erkennbar,** so kann man **wählen,** z. B.:

anstelle/an Stelle
aufgrund/auf Grund
aufseiten/auf Seiten
mithilfe/mit Hilfe
zulasten/zu Lasten

Aufgabe 41

Streichen Sie die falsch geschriebenen Wörter durch:

a. baden gehen/badengehen
b. sauber machen/saubermachen
c. einiger Maßen/einigermaßen

Stolpersteine – beliebte Fehler

Viele Wörter scheinen immun gegenüber Fehlern zu sein. Leider aber gibt es auch fehleranfällige Wörter. Von diesen wird nun eine kleine Auswahl vorgestellt, damit auch sie keine Stolpersteine mehr sind.

Deutsche Problemwörter

auf einmal
bejahen
bescheren
ergiebig
gar nicht
Gedächtnis
immer noch
knien
los

nämlich
nummerieren
persönlich
verwandt
verzeihen
vor allem
Voraussetzung
ziemlich

Schwierige Fremdwörter

Abonnement
Aggression
Apparat
Appell
Applaus
Atmosphäre
Boykott
brillant

Charakter
Chiffre
Feuilleton
interessant
Kamera
Karussell
Kommando

Konkurrenz
Lappalie
Literatur
Komödie
parallel
Rhythmus
Sympathie

Verbreitet sind auch einige Fehler, die **Wortgruppen aus dem Lateinischen** betreffen und bei denen beide Wörter **großgeschrieben** werden, z. B.:

Alter Ego
Casus Belli

Corpus Delicti
Tertium Comparationis
Ultima Ratio

Auch die **Endsilbe** *-and/-ant* einiger **aus dem Lateinischen** stammender Wörter gibt oft Anlass zur Irritation: Heißt es nun *Informan***d** oder *Informan***t**? In diesem Fall ist beides richtig, allerdings für unterschiedliche Fälle: *Informan***d** heißt eine Person, die informiert wird, und *Informan***t** heißt sie, wenn sie Informationen liefert.
Die Endsilbe *-and* kommt über das lateinische Gerundivum und enthält eine **passive Komponente:** Meist geschieht also mit jemandem etwas, z. B.:

*Examinan***d**
*Habilitan***d**
*Konfirman***d**
*Proban***d**
*Summan***d**

Die Endung *-ant* kommt über das lateinische Partizip Präsens und enthält eine **aktive Komponente:** Meist geht von jemandem eine Handlung aus, z. B.:

*Debütan***t**
*Demonstran***t**
*Denunzian***t**
*Praktikan***t**
*Protestan***t**

Probleme kann auch der **Plural einiger aus dem Englischen** stammender Wörter bereiten, die als **Endung** *-y* haben. Im Deutschen bleibt das *y* erhalten; es wird nur ein Plural-*s* angehängt, z. B.:

*Bab***ys**
*Hobb***ys**
*Lad***ys**
*Part***ys**
*Tedd***ys**

Achtung! Anders ist dies bei Wörtern, die im Singular die **Endung** *-ie* aufweisen. Dann lautet die Pluralendung *-ies*, z. B. also *Hippies* wegen Singular *Hippie* und *Teenies* wegen Singular *Teenie*.
Auch andere Wörter verursachen manchmal längeres Nachdenken:

das* oder *dass?

Wird das Wort *das* nun **mit einem s-Laut** oder **mit zwei s-Lauten** geschrieben? Die Antwort hierauf ist grammatisch bedingt:
Das Wort *da***s** kann grammatisch sein

- ein **Artikel,** z. B.:

Das *Bild dort an der Wand beeindruckt mich sehr.*

- ein **Demonstrativpronomen,** z. B.:

Dieses Bild beeindruckt mich, jenes sagt mir nichts und **das** *würde ich gern mitnehmen.*

- ein **Relativpronomen,** z. B.:

Das Bild, **das** *dort hängt, spricht mich sehr an.*

Das Wort *da***ss** kann grammatisch nur eine **Konjunktion** sein, die einen **Gliedsatz** einleitet, z. B.:

Dass *es uns so gut hier gefällt, hätte ich nicht gedacht.* (In diesem Fall wird der Objektsatz durch die Konjunktion *dass* eingeleitet.)
Dass *wir hierbleiben können, freut uns sehr.* (Diesmal wird der Subjektsatz durch die Konjunktion *dass* eingeleitet.)
Das Bild ist **so** *beeindruckend,* **dass** *ich es mir als Poster gekauft habe.* (Hier ist die Konjunktion *dass* ein Bestandteil der Konjunktion *sodass*, die einen Konsekutivsatz einleitet.)

***Mal:* klein und zusammen oder groß und getrennt?**
Wird das Wort als **Adverb** eingesetzt, so wird es klein- und zusammengeschrieben, z. B.:

*ein***mal**
*auf ein***mal**
*kein***mal**
*noch ein***mal**
*zwei***mal**

Als **Substantiv** wird es jedoch groß- und getrennt geschrieben, z. B.:

das erste **M***al*
von Mal zu **M***al*
etliche **M***ale*
jedes **M***al*
die nächsten **M***ale*

Es wird auch groß- und getrennt geschrieben, wenn beide Wörter **betont** werden, z. B. *eín Mál* (aber *eínmal*) oder bei besonderer Betonung, z. B. *ein paar Mál* (*ein páarmal*)

deutsch* oder *Deutsch?
Die **Kleinschreibung** erfolgt, wenn das Wort als normales **Adjektiv** oder **Adverb** benutzt wird, z. B.

das **d***eutsche Recht*	(normales Adjektiv)
die **d***eutsche Einheit*	(normales Adjektiv)
d*eutscher Meister*	(normales Adjektiv)
d*eutsch sprechen*	(als Adverb gebrauchtes Adjektiv)
d*eutsch schreiben*	(als Adverb gebrauchtes Adjektiv)

Die **Großschreibung** erfolgt, wenn das Wort **substantiviert** ist oder Teil eines **Namens** ist, z. B.:

auf **D***eutsch sagen*	(Substantivierung)
in **D***eutsch schreiben*	(Substantivierung)
Tag der **D***eutschen Einheit*	(Name)

Deutsche Bibliothek	(Name)
der Deutsche Bundestag	(Name)

wieder oder _wider?_

Wieder ist ein **Adverb** und bedeutet *erneut*, *zurück*, z. B.:

wiederbringen
wiedergeben
wiederkehren
wiederkommen
wiedersehen

Wider ist eine **Präposition** und bedeutet *gegen*, z. B.:

widerrufen
widersetzen
widersprechen
widerstehen
widerstreben

seid oder _seit?_

*Sei***d** schreibt man die **Verbform,** z. B. *Ihr sei***d** *nett.*
*Sei***t** schreibt man **Präposition** und **Konjunktion,** z. B.:

seit gestern	(Präposition)
seit heute	(Präposition)
seit dieser Zeit	(Präposition)
Seit ich dies weiß, freue ich mich.	(Konjunktion)
Seit er sie kannte, mochte er sie.	(Konjunktion)

Aufgabe 42

Füllen Sie die Lücken aus:

a. Sil_______________tte (Umriss/Schattenriss)
b. Emigran_____
c. Wir sollten die Übung morgen wi_____derholen.

Zeichensetzung – Pausen, die das Verständnis erleichtern

Aufzählung, Satzreihe – die »automatischen« Satzzeichen

Zum Abschluss sei uns noch einmal ein Blick in das 17. Jahrhundert erlaubt. Als das Komma noch »Beistrichlein« hieß, erläuterte der Sprachwissenschaftler und Schriftsteller Schottelius 1663 die Satzzeichen so:

Von der Schriftſcheidung oder den Nebenzeichen

Das Beyſtrichlein (Comma,) hat ſeine Benahmung, weil es ein klein beygeſtrichenes Zeichen iſt, wird geſchwinde durch ein leichtes, etwas gelehntes Strichlein gezogen, und zu unterſcheidung der Wörter, ſehr oft- und vielmals gebraucht: Nemlich, ſo oft die Rede noch unvollkommen iſt, die Wörter aber darin gleichwohl eine ſchiedliche Sönderung erforderen, zu beſſerem Verſtande dem Leſer, und zu ſchiklicher Teihlung der Wörter.

Das Strichpünctlein (Semicolon;) hat ſeine Benahmung, weil es von einem Striche, und einem Pünctlein oder Tippel, gemacht wird; hat ſeine Stelle in der Rede, wenn der Sinn zwar noch nicht vollkommen iſt, aber dennoch einen kleinen Inhalt, und mehrere Ruh, als durch den Beyſtrich geſchehen mag, erfordert.

Der Doppelpunct (Colon:) hat den Nahmen, wenn da zwey Pünctlein, eines über das ander ſeyn: hat ſeine Stelle, wen die Rede etwas vollkommen ſchon iſt, doch alſo, daß auf ſolche vollkommene Rede, annoch etwas folgen müſſe oder künne: als in den Gleichniſſen, In Anführungen der Exempel auf die Regul, In Gegenſetzen und derogleichen.

Der Punkt (Punctum.) iſt ein Tütlein, welches allezeit zu ende einer Spruchrede geſetzt wird. Eine Spruchrede iſt aber eine vollenkommene Rede, oder ein vollkommener Verſtand in einer Rede, die man gemeiniglich wol in einem Odem ausſprechen möchte, ſonſten Periodus genant.

Der Mittelstrich (Lineola – oder =) ist bey den Teutschen nicht weniger gebräuchlich, als nötig: hat seinen Rahmen, weil er zu mitten des Wortes, oder der Lini gezogen, auch seine Wirkung gleichsam zumitten des Worts anfähet und endiget.

Das Fragezeichen (Signum interrogationis?) ist, welches alsbald auf eine Frage, oder auf eine Rede, die da fraget, gesetzet wird.

Das Verwunderungszeichen (Signum admirationis!) wird in einer Rede alsdann gebraucht, wenn man sich verwundert, oder etwas hochwünschet.

Der Einschluß (Parenthesis ()) oder das Einschlußzeichen ist, wenn etwa mitten in eine gantze Rede, gleichsam ein anderer und frömder Sinn eingeschlossen oder eingesetzt wird, der doch wol zu ende der Rede hette mögen gesetzet werden.

Das Theilzeichen (Signum vocis divisae) wird am Ende der Zeil also = geformet, deutet und zeiget an, daß das letzte Wort in der Zeil nicht habe völlig auf eben die Zeil können gebracht, sondern vermittelst dieses Theilzeigleins, also müssen getheilet, und zu Anfang der folgenden Zeil das übrige Worttheil gesetzet werden.

Heute haben wir folgende Regeln einzuhalten:

Aufzählung

- Bei der Aufzählung **gleichrangiger Wörter oder Wortgruppen** steht ein **Komma,** z. B.:

Punkt, Komma, Semikolon sind Satzzeichen. (Aufzählung von Substantiven in ihrer Funktion als Subjekte)
Solche Satzzeichen sind logisch, nützlich, verständlich. (Aufzählung von Adjektiven in ihrer Funktion als Prädikatsnomen)
Sie gliedern den Satz klar, stringent, übersichtlich. (Aufzählung von Adjektiven, die in ihrer Funktion als adverbiale Bestimmung zu Adverbien geworden sind)

Satzzeichen strukturieren, verbinden, trennen zugleich. (Aufzählung von Verben in ihrer Funktion als Prädikate)
Sie erhellen den Satz, die Aussage. (Aufzählung von Substantiven in ihrer Funktion als Akkusativobjekte)

- Werden die Glieder solcher Aufzählung durch eine **nebenordnende Konjunktion** verbunden, so steht **kein Komma.** Nebenordnende Konjunktionen sind: *und, oder, beziehungsweise, sowie, wie, entweder … oder, nicht … noch, sowohl … als auch, weder … noch,* z. B.:

Sowohl *mit etwas Geduld* **als auch** *mit etwas Zeit ist Fehlerfreiheit zu erlernen.* (Aufzählung von erweiterten Substantiven in ihrer Funktion als adverbiale Bestimmung)
Diese Regel gilt für Wörter **und** *Wortgruppen.* (Aufzählung von Substantiven in ihrer Funktion als präpositionale Objekte)
Man kann im Plural **entweder** *»Kommas«* **oder** *»Kommata« sagen.* (Aufzählung von Substantiven in ihrer Funktion als Akkusativobjekte)
Kommas **beziehungsweise** *Kommata hießen früher Beistrichlein.* (Aufzählung von Substantiven in ihrer Funktion als Subjekte)
Semikolon **sowie** *Ausrufezeichen sind seltenere Satzzeichen.* (Aufzählung von Substantiven in ihrer Funktion als Subjekte)

- Steht zwischen den Gliedern einer Aufzählung eine **entgegenstellende Konjunktion,** so werden sie durch ein **Komma** getrennt. Entgegenstellende Konjunktionen sind: *aber, sondern, jedoch,* z. B.:

Arbeiten ist oft lästig, **aber** *auch ertragreich.* (Aufzählung von Adjektiven in ihrer Funktion als Prädikatsnomen)
Erfolg stellt sich meist nur durch Anstrengung ein, **jedoch** *manchmal auch durch Glück.* (Aufzählung von Substantiven in ihrer Funktion als adverbiale Bestimmung)
Ein Semikolon trennt Sätze, **aber** *keine einzelnen Wörter.* (Aufzählung von Substantiven in ihrer Funktion als Akkusativobjekte)
Kein Punkt, **sondern** *ein Komma müsste hier stehen.* (Aufzählung von Substantiven in ihrer Funktion als Subjekte)

Ein Semikolon kennzeichnet eine Pause, **jedoch** *nur eine kleine Pause.* (Aufzählung von Substantiven in ihrer Funktion als Akkusativobjekte)

Satzreihe

Unter einer Satzreihe versteht man die **Aneinanderreihung/Aufzählung von Hauptsätzen** (vgl. Seite 117). Ihre Nebenordnung nennt man auch **Parataxe.**

Eigentlich brauchte es keine gesonderten Regeln für sie zu geben, da **Satzreihen letztlich auch nur Wortgruppen** sind, allerdings Wortgruppen, die als **Satz** jeweils **Subjekt** und **Prädikat** enthalten müssen, vgl. Seite 150.

Da Satzreihen in der Regel aber erheblich länger und damit weniger überschaubar sind, seien die Regeln auch an ihnen durchgespielt:

- In Satzreihen werden die Hauptsätze (mindestens) durch ein **Komma** voneinander getrennt, z. B.:

Arbeiten macht Spaß, fangt ihr schon einmal an.
Arbeiten macht Spaß, ich könnte stundenlang zuschauen.
Spaß soll man nicht übertreiben, Arbeiten soll man auch nicht übertreiben.
Arbeit kann Spaß machen, Spaß kann auch viel Arbeit machen.
Spaß ist Spaß, Arbeit ist Arbeit.

- Werden die Hauptsätze einer Satzreihe durch eine **nebenordnende Konjunktion** verbunden, so steht **kein Komma.** Nebenordnende Konjunktionen sind: *und, oder, beziehungsweise, sowie, wie, entweder ... oder, nicht ... noch, sowohl ... als auch, weder ... noch,* z. B.:

Arbeiten macht Spaß **und** *ich könnte stundenlang zuschauen.*
Entweder arbeite ich **oder** *ich ruhe mich aus.*
Ich habe **weder** *Lust zu arbeiten* **noch** *bin ich wirklich abgeneigt.*
Die Arbeit wird heute lange dauern **beziehungsweise** *eventuell ist sie erst morgen fertig.*
Die Arbeit ist erledigt **und** *ich bin zufrieden.*

Um einen Satz verständlicher zu machen, darf man jedoch ein Komma setzen, z. B.:

*Man könnte faulenzen***(,)** *und schuften könnte man auch.*
(In diesem Buch wurde an solchen Stellen oft ein Komma gesetzt, da Satzreihen dann meist leichter zu lesen sind.)

- Steht zwischen den Hauptsätzen einer Satzreihe eine **entgegenstellende Konjunktion,** so werden sie durch ein **Komma** getrennt. Entgegenstellende Konjunktionen sind: *aber, sondern, jedoch,* z. B.:

Arbeiten macht Spaß, **aber** *wer kann schon Spaß vertragen?*
Ich bin fertig, **jedoch** *bin ich nicht ganz zufrieden.*
Ich bin nicht begeistert, **aber** *ich bin zufrieden.*
Er ist nicht faul, **jedoch** *ist er manchmal bequem.*
Wir sind nicht ganz fertig geworden, **sondern** *wir müssen morgen noch einmal an die Arbeit.*

Aufgabe 43

Setzen Sie die fehlenden Satzzeichen ein:

a. Wir haben heute schon viele Terminarbeiten geschafft aber noch nicht alle.
b. Die anstehenden Terminarbeiten konnten alle heute schon erledigt werden und so werden wir morgen Zeit für andere Tätigkeiten haben.
c. Die anstehenden Terminarbeiten konnten alle heute schon erledigt werden aber das war auch notwendig.

Satzgefüge – Regeln, die einleuchten

Unter einem Satzgefüge versteht man die **Unterordnung** eines Gliedsatzes unter einen Hauptsatz. Solche Struktur nennt man auch **Hypotaxe.** Gliedsätze sind also Sätze, die von einem übergeordneten Satz **abhängen.** Im Gliedsatz steht das Prädikat immer am Ende.
Besonders häufig sind **Attributsätze,** die ein Substantiv näher erläutern, und **Adverbialsätze,** die das Verb im Prädikat näher erläutern (vgl. hierzu Seite 138 ff.).

Diese kann man oft an ihren **Einleitungswörtern** erkennen:

- **Relativpronomen,** die Attributsätze/Relativsätze einleiten, sind *der, die, das.*
- **Konjunktionen,** die Adverbialsätze einleiten, sind z. B.:

weil, da	für	Kausalsätze
damit	für	Finalsätze
obwohl	für	Konzessivsätze
sodass/so dass	für	Konsekutivsätze
wenn, falls	für	Konditionalsätze
als, seit, bis (usw.)	für	Temporalsätze
indem	für	Modalsätze
wo	für	Lokalsätze

Achtung! Einige dieser Konjunktionen können auch einer anderen Wortart angehören, z. B. *seit* und *bis* können auch Präpositionen sein, *wo* kann auch ein Fragepronomen sein.

- **Hauptsatz** und **Gliedsatz** werden immer durch ein **Komma** getrennt.
- Alle folgenden Satzgefüge enthalten einen **Attributsatz/ Relativsatz:**

Wochenmärkte sind Märkte, **die** *immer frische Ware anbieten.* (Hauptsatz mit Attributsatz, der das Prädikatsnomen erläutert)
Obst gibt es an Ständen, **die** *auch Gemüse verkaufen.* (Hauptsatz mit Attributsatz, der die adverbiale Bestimmung des Ortes erläutert)
Dort gibt es auch Blumen, **die** *meist aus dem Umland stammen.* (Hauptsatz mit Attributsatz, der das Akkusativobjekt erläutert)
Der Händler reicht die Ware dem Kunden, **der** *schon lange gewartet hat.* (Hauptsatz mit Attributsatz, der ein Dativobjekt näher erläutert)
Dieser reicht ihm einen Korb mit Doppelgriff, **in den** *der Händler die Ware gleich legen soll.* (Hauptsatz mit Attributsatz, der ein präpositionales Attribut erläutert)

- Alle folgenden Satzgefüge enthalten einen **Adverbialsatz:**

Wenn *das Wetter schlecht ist, ist es auf dem Markt recht ungemütlich.* (Konditionalsatz, der die Bedingung des Prädikats nennt, mit Hauptsatz)
Der Markt ist gut besucht, **obwohl** *es draußen ungemütlich ist.* (Hauptsatz mit Konzessivsatz, der die Einschränkung des Prädikats nennt)
Viele kaufen dort ein, **weil** *alles so einladend und frisch ist.* (Hauptsatz mit Kausalsatz, der den Grund des Prädikats nennt)
Bevor *man dort einkaufen kann, müssen die Händler erst alles aufbauen.* (Temporalsatz, der die Zeit des Prädikats nennt, mit Hauptsatz)
Sie haben **so** *viel Routine,* **dass** *alles meist recht schnell geht.* (Hauptsatz mit Konsekutivsatz, der die Folgen des Prädikats nennt)

- Alle folgenden Satzgefüge enthalten einen **Subjektsatz.** (Im Hauptsatz fehlen dann die Subjekte, diese können jedoch durch ein vorbereitendes oder rückweisendes Wörtchen angedeutet werden.)

Wer nicht gern früh aufsteht, (der) sollte lieber nicht auf dem Wochenmarkt arbeiten. (Subjektsatz mit Hauptsatz)
Was dort verkauft wird, stammt nicht ausschließlich aus dem Umland. (Subjektsatz mit Hauptsatz)
Was aus anderen Gegenden kommt, (das) muss nachts vom Großmarkt geholt werden. (Subjektsatz mit Hauptsatz)
Gesund ist, was es auf dem Markt zu kaufen gibt. (Hauptsatz mit Subjektsatz)
Was gesund ist, (das) schmeckt auch den meisten gut. (Subjektsatz mit Hauptsatz)

- Alle folgenden Satzgefüge enthalten einen **Objektsatz.**

Viele mögen, was gesund ist. (Gliedsatz als geräumiges Akkusativobjekt: wen oder was?)
Sie hatten vergessen, Äpfel mitzubringen. (Gliedsatz als geräumiges Akkusativobjekt: wen oder was?)

Was Sie empfehlen, (dem) will ich gern folgen. (Gliedsatz als geräumiges Dativobjekt: wem?)
Was täglich verkauft wird, (dessen) kann sich ein Händler abends wohl kaum noch erinnern. (Gliedsatz als geräumiges Genitivobjekt: wessen?)
Worum ich Sie gestern gebeten hatte, (daran) haben Sie leider heute nicht gedacht. (Gliedsatz als geräumiges präpositionales Objekt: woran?)

- Ist ein Gliedsatz in einen Hauptsatz **eingefügt,** so stehen **zwei Kommas,** z. B.:

Menschen, die auf dem Markt einkaufen, leben meist sehr gesundheitsbewusst. (Hauptsatz mit eingefügtem Attributsatz)
Das Blumengebinde, das neben den Sonnenblumen liegt, würde in unserer Diele gut aussehen. (Hauptsatz mit eingefügtem Attributsatz)
Ich vermute, dass es besonders dekorativ ist, und werde es am Eingang platzieren. (Hauptsatz mit eingefügtem Objektsatz)
Wir wollen, wenn es unsere Zeit erlaubt, hinterher auf der großen Wiese picknicken. (Hauptsatz mit eingefügtem Konditionalsatz)
Wir haben, da wir gut vorgesorgt haben, alles Nötige dazu schon bei uns. (Hauptsatz mit eingefügtem Kausalsatz)

- Gliedsätze können auch **von einem anderen Gliedsatz abhängen;** sie werden dann vom übergeordneten Satz durch **Komma** getrennt, z. B.:

Sie wissen, dass die Zeit reif ist, um Nüsse zu bekommen. Das Satzgefüge beginnt mit einem Hauptsatz, von dem ein Objektsatz abhängt (= Gliedsatz erster Ordnung). Vom Objektsatz hängt wiederum ein Gliedsatz ab, ein Finalsatz (= Gliedsatz zweiter Ordnung).
Wenn wir alle Zutaten haben, die man für eine Obsttorte braucht, können wir nach Hause gehen.
Das Satzgefüge beginnt mit einem Konditionalsatz (= Gliedsatz erster Ordnung), von dem ein Attributsatz abhängt (= Gliedsatz zweiter Ordnung), und endet mit dem Hauptsatz.

Weil wir Hunger haben, essen wir am Imbissstand eine Bratwurst, die so gut schmeckt, dass wir uns gleich noch eine zweite spendieren. Das Satzgefüge beginnt mit einem Kausalsatz (= Gliedsatz erster Ordnung), der vom folgenden Hauptsatz abhängt. Dem Hauptsatz schließt sich ein Attributsatz an (= wieder ein Gliedsatz erster Ordnung), von dem dann ein Konsekutivsatz abhängt (= Gliedsatz zweiter Ordnung).
Auch andere Leute stehen am Stand und genießen die Köstlichkeiten, die geboten werden, damit keiner zu hungern braucht. Das Satzgefüge beginnt mit einem Hauptsatz, von dem ein Attributsatz abhängt (= Gliedsatz erster Ordnung). Von diesem Gliedsatz hängt dann der abschließende Finalsatz ab (= Gliedsatz zweiter Ordnung).
Am Mittag, wenn die Marktzeit, die wöchentlich begrenzt ist, vorüber ist, werden alle Stände wieder abgebaut, sodass der Platz, der sehr groß ist, wieder als Parkplatz genutzt werden kann, wenn kein Markttag ist. Das Satzgefüge beginnt mit einem Stück des Hauptsatzes, von dem ein Temporalsatz abhängt (= Gliedsatz erster Ordnung); der Temporalsatz wird unterbrochen von einem Attributsatz (= Gliedsatz zweiter Ordnung). Es folgt dann der zweite Teil des Hauptsatzes, von dem ein Konsekutivsatz abhängt (= wieder ein Gliedsatz erster Ordnung); dieser wird unterbrochen von einem Attributsatz (= wieder Gliedsatz zweiter Ordnung). Das Satzgefüge endet mit einem Konditionalsatz (= Gliedsatz dritter Ordnung, der vom Gliedsatz zweiter Ordnung abhängt). Dieses Satzgefüge ist jedoch ein so unübersichtlicher Bandwurmsatz, dass dringend von ihm abzuraten ist, vgl. Seite 113 ff.

- Für **aneinandergereihte Gliedsätze** gelten dieselben Regeln wie für die **Aufzählung,** da sie letztlich ja auch gleichrangige Wortgruppen sind; werden sie also mit einer nebenordnenden Konjunktion verbunden, steht an dieser Stelle kein Komma, z. B.:

Markttage sind Tage, an denen sich viele Leute aus demselben Stadtviertel treffen **und** *an dem sie Gelegenheit zum Plaudern haben.*
Weil dies immer so war **und** *weil dies verbindet, sind Märkte überall auf der Welt Kommunikationsorte.*
Wer dies mag **und** *wer gern plaudert, kommt gern hierher.*
Die Leute kommen, weil sie einkaufen wollen **oder** *weil sie klönen wollen.*

Aufgabe 44

Setzen Sie die fehlenden Satzzeichen ein und überlegen Sie, aus welchem Grund diese jeweils notwendig sind:

a. An vielen Orten an denen schon seit alters Waren getauscht wurden befinden sich heute Großstädte.

b. Da man sich immer schon an flachen Stellen der Flüsse traf um die Furt zu durchqueren war man auch dort selten allein.

c. Auch Tiere die die Furt kannten und die zuhauf dorthin zogen sah man immer wieder zusammen mit den Menschen die meist Waren trugen an solchen Stellen, um die Furt zu durchqueren.

Infinitivgruppen & Co. – Nachdenken zahlt sich aus

- Unter einer **Infinitivgruppe** versteht man eine **Wortgruppe,** bei der ein Infinitiv, d. h. die Grundform des Verbs, mit anderen Wörtern zusammen eine **Sinneinheit** bildet.
- Infinitivgruppen werden vom übrigen Satz durch **Komma** abgegrenzt, wenn sie **eingeleitet** werden durch *außer, als, um zu, (an)statt, ohne*, z. B.:

Für viele Menschen gibt es nichts Schöneres, **als** *mit Freunden ins Kino* **zu gehen.**
Andere bevorzugen das echte Spiel im Theater, **statt** *sich Menschen auf der Leinwand* **anzusehen.**
Die meisten gehen ins Kino oder ins Theater, **um** *ein paar schöne Stunden* **zu haben.**
Für manche gibt es aber nichts Lohnendes, **außer** *in die Oper zu gehen.*
Ohne *darüber zu murren, stellen sie sich sogar manchmal lange für eine Karte an.*

- Infinitivgruppen werden vom übrigen Satz durch **Komma** abgetrennt, wenn sie von einem **Substantiv** abhängen, z. B.:

Sie fassten den **Plan,** *bald einmal in ein Konzert* **zu gehen.**
Ihr **Entschluss,** *sich frühzeitig um Karten* **zu bemühen,** *hat sich ausgezahlt.*

Wir freuen uns über die **Aussicht,** *endlich einmal wieder Zeit für einen solchen Abend* **zu haben.**
Unsere Freunde hatten die **Idee,** *nach der Veranstaltung noch auf ein Glas Wein zu ihnen* **zu kommen.**
Der **Gedanke,** *am nächsten Tag ausschlafen* **zu können,** *ließ uns den Abend genießen.*

- Infinitivgruppen werden vom übrigen Satz durch **Komma** abgetrennt, wenn sie durch ein hinweisendes Wort **angekündigt** werden, z. B.:

Wir freuen uns **darauf,** *morgen frei* **zu haben.**
Es *ist unser Wunsch, uns einfach nur* **zu entspannen.**
Wir sind **darum** *bemüht, ganz bewusst* **abzuschalten.**
Es *hat sich bewährt, den Schreibtisch* **aufzuräumen.**
Wir denken sogar nicht mehr **daran,** *noch einmal ins Outlook* **zu schauen.**

- Infinitivgruppen werden vom übrigen Satz durch **Komma** abgetrennt, wenn sie durch ein hinweisendes Wort **wieder aufgenommen** werden, z. B.:

Morgen frei **zu haben, darauf** *freuen wir uns.*
Uns einfach nur **zu entspannen, das** *ist unser Wunsch.*
Ganz bewusst **abzuschalten, darum** *sind wir bemüht.*
Den Schreibtisch **aufzuräumen, das** *hat sich bewährt.*
Noch einmal ins Outlook **zu schauen, daran** *denken wir sogar nicht mehr.*

- In allen anderen Fällen **darf** man eine Infinitivgruppe (und auch einen einfachen Infinitiv mit *zu*) durch **Komma** abgrenzen, **um Missverständnisse zu vermeiden,** z. B.:

Wir raten(,) ihm gleich eine Eintrittskarte mitzubringen.
⇔ *Wir raten ihm(,) gleich eine Eintrittskarte mitzubringen.*
Wir empfehlen(,) ihm zu folgen.
⇔ *Wir empfehlen ihm(,) zu folgen.*
Sie versprach(,) ihm eine Mitteilung zu senden.
⇔ *Sie versprach ihm(,) eine Mitteilung zu senden.*
Er dachte nicht daran(,) zu zweifeln.
Der Plan(,) mitzukommen(,) freute sie sehr.

- **Partizipgruppen** werden vom übrigen Satz durch **Komma** abgetrennt, wenn sie durch ein hinweisendes Wort **angekündigt, wieder aufgenommen** oder als Zusatz **nachgetragen** werden, z. B.:

Genau **so,** *auf Plakaten* **angekündigt,** *hatten sie von der Veranstaltung erfahren.* (Ankündigung)
Ein dickes Buch **lesend, so** *warteten sie geduldig in der Schlange.* (Wiederaufnahme)
Auf diese Weise, *Seite für Seite* **lesend,** *wurde die Zeit nicht so lang.* (Ankündigung)
Endlich haben wir Karten, mühselig **erworben.** (Nachtrag)
Unsere Freunde, von uns **benachrichtigt,** *wollen nun auch mitkommen.* (Nachtrag)

Man **kann** Partizipgruppen durch **Komma** vom übrigen Satz abtrennen, um die Gliederung des Satzes **deutlicher** zu machen, z. B.:

In der Theaterpause stehen wir, ein Glas in der Hand **haltend,** *mit unseren Freunden zusammen.*

- **Nachgestellte Zusätze** werden durch **Komma** vom übrigen Satz getrennt.
- Nachgestellte Zusätze werden **oft eingeleitet** durch Wörter wie *und zwar, nämlich, vor allem, z. B., insbesondere, das heißt* und sind durch **Komma** vom übrigen Satz abzugrenzen, z. B.:

Wir sehen uns dann nächste Woche, **und zwar** *Dienstag.*
Wir sollten etwas unternehmen, **und das** *bald.*
Sie lesen gern Romane, **besonders** *die von Dostojewski.*
Viele mögen lieber Erzählungen, **vor allem** *der Kürze wegen.*
Gedichte sind nicht immer kurz, **z. B.** *Schillers »Glocke«.*

- **Appositionen,** die als substantivische Attribute im selben Fall stehen wie das Wort, das sie erläutern, werden durch **Komma** vom übrigen Satz getrennt, vgl. Seite 136, z. B.:

Rilke, **der große Lyriker,** *hat sehr leise Töne in seinen Gedichten angeschlagen.*
Texte von Brecht, **dem großen Dramatiker,** *stellen die Realität oft ungeschminkt dar.*
Nur wenige kennen heute noch Walther von der Vogelweide, **einen mittelalterlichen Dichter.**
Aphorismen, **die treffenden Sätze,** *brauchen meist keine Erläuterungen.*
Im Theaterkeller, **dem kleinen Zimmertheater,** *gibt es morgen die »Antigone« von Anouilh.*

- **Anreden und Ausrufe** sind durch **Komma** vom übrigen Satz abzutrennen; für das Wort *bitte* gilt dies nur bei besonderer Hervorhebung, z. B.:

Bitte *nehmen Sie doch Platz.*
Aber bitte, *nehmen Sie doch Platz!*
Verehrte Gäste, *morgen beginnt die Vorstellung leider etwas verspätet.* (Anrede)
Liebe Eltern, *dürfen wir euch zu eurem Festtag in die Vorstellung einladen?* (Anrede)
Ja, *wir kommen gern mit!* (Ausruf)

- **Satzteile,** die aus dem übrigen Satzzusammenhang mit einem ankündigenden oder wieder aufnehmenden Wort **hervorgehoben** werden, grenzt man durch **Komma** ab, z. B.:

Dieser Abend, er *war wirklich wunderbar.*
Unvergesslich, so *war er für alle Anwesenden.*

Mehrteilige Datums-, Zeit- und Wohnungsangaben

- Mehrteilige **Datums- und Zeitangaben** werden durch **Komma** voneinander getrennt. Werden solche Angaben als **Aufzählung** verstanden, so kann das letzte Komma fehlen, z. B.:

Wir sehen uns Dienstag, den 12. April, bei uns.
oder:
Wir sehen uns Dienstag, den 12. April bei uns.
Wir sehen uns am Dienstag, dem 12. April, bei uns.
oder:
Wir sehen uns am Dienstag, dem 12. April bei uns.
Wir sehen uns Dienstag, 12. April, bei uns.
oder:
Wir sehen uns Dienstag, 12. April bei uns.

- Mehrteilige **Wohnungsangaben** werden durch **Komma** voneinander getrennt. Werden solche Angaben als **Aufzählung** verstanden, so kann das letzte Komma fehlen, z. B.:

Sie kehren gern nach Bonn, Maxstraße 73, zurück.
oder:
Sie kehren gern nach Bonn, Maxstraße 73 zurück.
Jetzt ziehen sie nach Göttingen, Brunnengasse 1, in ein Fachwerkhaus.
oder:
Jetzt ziehen sie nach Göttingen, Brunnengasse 1 in ein Fachwerkhaus.
Ihre Freunde wohnen in Frankfurt, Hauptstraße 20, in einem Hochhaus nahe am Main.
Ihre Freunde wohnen in Frankfurt, Hauptstraße 20 in einem Hochhaus nahe am Main.

Aufgabe 45

Ergänzen Sie die fehlenden Satzzeichen und überlegen Sie dabei, aus welchem Grund diese jeweils notwendig sind:

a. Sich auf einem gemütlichen Sofa in ein Buch zu vertiefen das ist in schnelllebigen Zeiten für viele ein Genuss.
b. In eine andere Welt entführt so kann man den Alltag vergessen.
c. Romane diese dicken Wälzer sind gut für lange Wintertage.

Anhang

Statt eines Nachworts – die etwas andere Sprache

Ich fürchte mich so (Rainer Maria Rilke)

Ich fürchte mich so vor der Menschen Wort.
Sie sprechen alles so deutlich aus:
und dieses heißt Hund und jenes heißt Haus,
und hier ist Beginn und das Ende ist dort.

Mich bangt auch ihr Sinn, ihr Spiel mit dem Spott,
sie wissen alles, was wird und war;
kein Berg ist ihnen mehr wunderbar;
ihr Garten und Gut grenzt grade an Gott.

Ich will immer warnen und wehren: Bleibt fern.
Die Dinge singen hör ich so gern.
Ihr rührt sie an: sie sind starr und stumm.
Ihr bringt mir alle die Dinge um.

Ein Wort (Gottfried Benn)

Ein Wort, ein Satz – : aus Chiffren steigen
erkannte Leben, jäher Sinn,
die Sonne steht, die Sphären schweigen
und alles ballt sich zu ihm hin.

Ein Wort – ein Glanz, ein Flug, ein Feuer,
ein Flammenwurf, ein Sternenstrich –
und wieder dunkel, ungeheuer,
im leeren Raum um Welt und ich.

Fall ins Wort (Erich Fried)

Fall ins Wort
das Wort ist brüchig geworden
Fall ins Wort
der Fall ist fällig geworden
Fall ins Wort
wo das Wort dir einfällt
Fall ein
ein naher Feind
ein Vogel ins Feld

Wo das Wort
dir gefällt
wo das Wort
fehlt
einen Fehler hat
wo es verdorrt
dort
fall ins Wort.

Die Welt
fällt ein
Ihr Fallen
fällt
das Wort
Fall ihm ins Wort
fall ein
du fällst sonst
in jedem Fall

Des Wortes Gewalt (Ina Seidel)

Im Wort ruht Gewalt
Wie im Ei die Gestalt,
Wie das Brot im Korn,
Wie der Klang im Horn,
Wie das Erz im Stein,
Wie der Rausch im Wein,
Wie das Leben im Blut,
In der Wolke die Flut –
Wie der Tod im Gift
Und der Pfeil, der trifft –

Mensch, gib du acht, eh du es sprichst,
dass du am Worte nicht zerbrichst!

Lösungen – so könnte man antworten

Aufgabe 1 Vielfalt (Seite 20)

a. Sie haben heute ihre Prüfung bestanden.
b. Bis zur Notenmitteilung bleiben alle noch im Gebäude.
c. Bald werden sie ihr Zeugnis in der Hand halten.

Aufgabe 2 Synonyme (Seite 24)

flüstern – nuscheln – wispern – tuscheln – sagen – mitteilen – reden – verlautbaren – rufen – brüllen – schreien – grölen

Aufgabe 3 Fremdwörter (Seite 29)

a. Die Wirtschaft erlebt einen Aufschwung.
b. Wir baden im hauseigenen Schwimmbecken.
c. Der Countdown/Count-down läuft. (Das Fremdwort ist viel griffiger als eine deutsche Umschreibung.)

Aufgabe 4 Unsicherheiten (Seite 33)

a. Wir wohnen in demselben Haus wie damals.
b. Um mathematische Zusammenhänge zu verstehen, benötigt man eine rationale Begabung.
c. Der Vertrag hat die Assoziierung beider Länder besiegelt. (*Assoziation* bedeutet *Vorstellungsverknüpfung*; *Assoziierung* bedeutet *Zusammenschluss*.)

Aufgabe 5 Unschärfen (Seite 35)

a. Kleinwüchsige Menschen haben es im Alltag nicht leicht.
b. Meine Schuhe sind nicht sauber.
c. Bei so vielen Bewerbern hat man leider nur geringe Chancen.

Aufgabe 6 Konnotationen (Seite 38)

a. Sinti und Roma haben eine besondere Lebensart.
b. Darf ich Sie noch auf einen Tee in mein Wochenendhaus bitten?

c. Im Alter werden wir wahrscheinlich in eine Seniorenresidenz ziehen. (Der Ausdruck *Seniorenheim* war zwar auf Seite 34 als angemessen bezeichnet worden; seine Überhöhung zu einer *Seniorenresidenz* grenzt jedoch an konnotative Lächerlichkeit.)

Aufgabe 7 Schablonen (Seite 42)
a. Unsere Reformen sind darauf angelegt, dass sie lange Zeit wirksam sind.
b. Aus wichtigem Grund muss ich leider absagen.
c. Wir werden Ihre Arbeit intensiv unterstützen.

Aufgabe 8 Neuheiten (Seite 45)
a. Die Verhandlung beginnt heute um 19 Uhr.
b. Dies ist kaum zu verzeihen.
c. Wir werden demnächst einen Kurzurlaub machen.

Aufgabe 9 Füllsel (Seite 49)
a. Sie haben recht.
b. Es gefällt uns sehr.
c. Was soll ich hier?

Aufgabe 10 Wortballast (Seite 53)
a. Wir erwarten Ihre Antwort.
b. Ihre Ausführungen haben wir mit Interesse gehört.
c. Unser Installateur wird am Montag gegen 8 Uhr zu Ihnen kommen.

Aufgabe 11 Übertreibung (Seite 56)
a. Die ideale Lösung finden wir vielleicht später.
b. Es war der totale Zusammenbruch.
c. Dies war ein GAU. (*Da die Abkürzung GAU schon für den* ***g****rößten* ***a****nzunehmenden* ***U****nfall steht, lässt sie sich wohl kaum noch steigern.*)

Aufgabe 12 Amtsdeutsch (Seite 58)
a. Während ich durch das Land reiste, konnte ich mir ein genaueres Bild machen.

b. Wir sind überrascht darüber, wie Sie reagiert haben.
c. Hunde und Katzen sind hier beliebt.

Aufgabe 13 Umgangssprache (Seite 63)

a. Ihre Manteltasche ist eingerissen.
b. Obwohl schon etwas herausgefallen ist, konnte sie dies noch nicht ändern.
c. Dazu hatte sie nämlich keine Zeit.

Aufgabe 14 Nachlässigkeiten (Seite 67)

a. Endlich finden wir, wonach wir gesucht haben.
b. So etwas Schönes suchten wir schon lange.
c. Jetzt brauchen wir nur noch zuzugreifen.

Aufgabe 15 Anschaulichkeit der Verben (Seite 72)

a. Die Gäste unterhielten sich lebhaft.
b. Gegen Mitternacht wurde eine »Schlossbesichtigung« angekündigt.
c. Die meisten verabschiedeten sich erst spät.

Aufgabe 16 Echtheit der Verben (Seite 76)

a. Der Kassenwart prüfte die Belege.
b. Bei der Prüfung wies er nach, dass alles seine Ordnung hat.
c. Er begründete seine Entscheidungen.

Aufgabe 17 Aktivverbformen (Seite 81)

a. Wir schlagen dir vor, die mittlere Reife anzustreben.
b. Danach solltest du eine Banklehre ins Auge fassen.
c. Mit Einsatz und Ausdauer und einem Fünkchen Glück wirst du sicher einen Ausbildungsplatz finden.

Aufgabe 18 Konkrete Substantive (Seite 84)

a. Im Handschuhfach liegen Kugelschreiber, Notizblock und Papiertücher.
b. Alle Insassen müssen während der Fahrt die Gurte anlegen.
c. Wenn doch bloß die Sonne nicht tief stünde!

Aufgabe 19 Komposita (Seite 89)

a. Die Warnung der Meteorologen vor dem Vulkanausbruch erreichte die Bevölkerung rechtzeitig.
b. Die Gezeitenübersicht wird öffentlich ausgehängt.
c. Viele Menschen mögen die klare Luft im Hochgebirge.

Aufgabe 20 Substantivierung von Verben (Seite 94)

a. Sie zeigt ihm, wie man einen Verband anlegt.
b. Bandagieren will gelernt sein. (Die griffige Substantivierung *Bandagieren* ist hier ausnahmsweise dem Gebrauch des Verbs vorzuziehen.)
c. Obwohl sie behutsam vorgeht, schmerzt der Einstich der Spritze sehr.

Aufgabe 21 Gebrauch der Adjektive (Seite 98)

a. Der Elefant schnappt mit seinem Rüssel nach dem Geld, das ihm forsche Kinder entgegenhalten. (Die Natur pflegt alle Elefanten und Rüssel so auszustatten.)
b. Der Bison liegt ausgestreckt in einer Mulde und döst vor sich hin. (Zum Wesen einer Mulde gehört, dass sie flach ist.)
c. Der Tierpfleger, der früher bei den Elefanten gearbeitet hat, wechselt zu den Flusstieren.

Aufgabe 22 Gebrauch der Partizipien (Seite 103)

a. Auf dem Bild, das wir vor dem Kölner Dom fotografiert haben, ist von dem berühmten Bauwerk nicht viel zu sehen.
b. Bei Objekten, die im Gegenlicht stehen, ist das Fotografieren nicht leicht.
c. Das Bild, das dir mit dem neuen Apparat so gut gelungen ist, solltest du vergrößern lassen.

Aufgabe 23 Wortstellung (Seite 108)

a. Die angekündigte Galavorstellung zugunsten eines wohltätigen Zweckes wird morgen in der Musikhalle am Neumarkt gegeben. (Das Subjekt ist an den Satzanfang gerückt.)

b. Alle Mitwirkenden verzichten zur Unterstützung der Opfer und als Zeichen einer tätigen Solidarität mit den Betroffenen auf ihre Gage. (Subjekt und Prädikat sind an den Satzanfang gerückt.)
c. Demnächst ist eine konzertante Aufführung der »Norma« geplant, denn:
   - die Vorbereitung solcher Veranstaltung ist nicht so aufwendig
   - die Eintrittskarten können preiswerter sein
   - der Spielplan wird dadurch abwechslungsreicher

Aufgabe 24 Wortzusammenhang (Seite 112)

a. Der Präsident nahm das Angebot nicht an, dem weltweit anerkannten Bündnis beizutreten. (Wortumstellung, da der Leser sonst wohl eine andere Erwartungshaltung hat.)
b. Die Mitglieder der Kommission schlugen vor, ihren Vorsitzenden für das internationale Gremium zu delegieren. (Wortumstellung wegen des möglichen Missverständnisses durch den ersten Teil des Verbs.)
c. Die Regierung hat den Plan aufgegeben, einen Sonderbeauftragten in die Nachbarstaaten zu entsenden. (Wortumstellung, da der Leser wohl wieder eine andere Erwartungshaltung hat.)

Aufgabe 25 Satzlänge (Seite 116)

a. Im Feuilleton stehen einige Leserbriefe, die sich auf die vorige Ausgabe beziehen. (12 statt 5 + 7 Wörter)
b. Auf der Titelseite der Zeitung ist heute ein großformatiges Foto der »Sportlerin des Jahres« zu sehen; es zeigt sie beim Empfang der Auszeichnung, die sie mit Charme entgegennimmt. (16 + 12 statt 28 Wörter)
c. Die Beilage der Tageszeitung ist heute besonders interessant, da sie den Veranstaltungskalender für den nächsten Monat enthält. Man kann aus ihm ersehen, was in der Stadt alles los ist. (17 + 12 statt 29 Wörter)

Aufgabe 26 Satzart – Hauptsatz, Gliedsatz (Seite 121)

a. Da das Hotel so nah am Strand lag, hörten wir das Meer nachts rauschen.
b. Die Schlucht, durch die der Gebirgsbach fließt, ist wildromantisch.
c. Die Stadt ist aufregend und jeden Tag gibt es etwas Neues zu entdecken. (2 Hauptsätze!)

Aufgabe 27 Satzanordnung – Schachtelsätze (Seite 124)

a. Mit Englisch und Französisch kann man heute viel anfangen. Die meisten von uns haben die beiden Sprachen in der Schule gelernt, als sie noch gar nichts von ihrem Nutzen ahnten.
(2 Hauptsätze, 1 Gliedsatz – statt eines unterbrochenen Hauptsatzes, 1 Apposition, 2 Gliedsätzen)
b. Geschäftsreisende, die beruflich in Südamerika zu tun haben, sollten möglichst auch Spanisch sprechen. Sie können dann in Verhandlungen souverän auftreten und die Firmeninteressen besser wahrnehmen.
(1 unterbrochener Hauptsatz, 1 fortlaufender Hauptsatz, 1 Gliedsatz – statt eines zweimal unterbrochenen Hauptsatzes, 2 Gliedsätzen)
c. Wer seine Fremdsprachenkenntnisse auffrischen möchte, hat hierzu Gelegenheit: Die Volkshochschule und Sprachinstitute bieten Kurse mit verschiedenen Schwierigkeitsgraden an, sodass man individuell »einsteigen« kann.
(2 Hauptsätze, 2 Gliedsätze – statt eines zweimal unterbrochenen Hauptsatzes, 3 Gliedsätzen)

Aufgabe 28 Logik (Seite 127)

a. Carmen sitzt mit ihrer Schwester Lisa beim Frühstück und wundert sich über deren Müdigkeit.
b. Rolf begleitet seine nette Nachbarin auf dem Heimweg von der Party.
c. Die Eltern unterhalten sich mit ihren Kindern über deren Vorstellungen von der Zukunft.

Aufgabe 29 Verneinungen (Seite 130)

a. Ich habe den Text nicht aufmerksam gelesen.
b. Dies wird wohl jeder befürworten.
c. Wir melden uns nicht zu Wort, da wir dem Antrag zustimmen wollen.

Aufgabe 30 Genitiveinsatz (Seite 132)

a. Hast du schon einmal Goethes »Erlkönig« als Lied gehört?
b. Die Samstagsausgabe der Zeitung ist wegen der Anzeigen besonders seitenstark.
c. Sie bemächtigen sich des umfangreichen Erbes.

Aufgabe 31 Konjunktivgebrauch (Seite 133)

a. Sie behaupten, dass sie es genau gesehen hätten.
b. Er wirft ihnen vor, dass sie parteiisch seien.
c. Sie fragt, ob sie sich nach dem Spiel träfen.

Aufgabe 32 Deklinationsendungen (Seite 136)

a. Bei dem augenblicklichen Verkehrschaos ist kein Taxi zu bekommen.
b. Er erzählt seinem Beifahrer, einem Kollegen, von seiner letzten Dienstreise.
c. Sie nähern sich der angekündigten Abzweigung, einer unübersichtlichen Kreuzung.

Aufgabe 33 Konjugationsformen (Seite 139)

a. Mancher ist tief beeindruckt, wenn er eine Sternschnuppe gesehen hat.
b. Da die früheren Seefahrer sich die Konstellation der Gestirne gut eingeprägt hatten, half ihnen dies beim Navigieren.
c. Der Sternhaufen der Plejaden und die W-Form der Kassiopeia sind am Himmel gut zu erkennen.

Aufgabe 34 Wortarten (Seite 144)

a. dann (keine Präposition, sondern ein Adverb)
b. gegen (kein Adverb, sondern eine Präposition)

c. dieser (keine Konjunktion, sondern ein Demonstrativpronomen)

Aufgabe 35 Wortveränderungen (Seite 149)

a. Präpositionen sind nicht deklinierbar.
b. Das Verb steht im Perfekt.
c. Das Substantiv »Hase« gehört zur schwachen Deklination: *der Hase/des Hasen/dem Hasen/den Hasen – die Hasen/der Hasen/den Hasen/die Hasen*

Aufgabe 36 Satzglieder (Seite 154)

a. das Büro (Akkusativobjekt: Wen oder was verlassen sie pünktlich?)
b. in der Buchhaltung (präpositionales Attribut: Was für eine Arbeit läuft auf Hochtouren?)
c. in der nächsten Woche (temporale adverbiale Bestimmung: Wann findet das Verkaufsseminar statt?)

Aufgabe 37 Gliedsätze (Seite 158)

a. Das Satzgefüge enthält einen eingeschobenen Attributsatz (auch Relativsatz genannt), der das Subjekt näher erläutert.
b. Das Satzgefüge beginnt mit einem Konditionalsatz, der als Adverbialsatz das Prädikat näher erläutert.
c. Das Satzgefüge beginnt mit einem Konzessivsatz, der als Adverbialsatz das Prädikat näher erläutert.

Aufgabe 38 Rechtschreibung/Faustregeln (Seite 162)

a. Bündnis
(Das Stammwort heißt *binden*.)
b. Entscheidung
(Vorsilbe *ent-*)
c. der Wirt
(Verlängerung im Genitiv Singular: *des Wirtes*)

Aufgabe 39 Konsonanten (Seite 168)

a. er kannte (Die Grundform lautet *kennen*.)
die Kante (Konsonantenhäufung)

b. das Fass (Der Laut steht nach kurzem Vokal und wird stimmlos gesprochen.)
das Maß (Der Laut steht nach langem Vokal und wird stimmlos gesprochen.)
c. schmatzen (Der Laut steht nach kurzem Vokal.)
der Kranz (Der Laut steht nach Konsonant.)

Aufgabe 40 Groß- und Kleinschreibung (Seite 173)
a. Mit Lachen stürmen sie auf den großen Platz.
(Das Verb *lachen* wurde wegen der vorangehenden Präposition substantiviert.)
b. Nun kann es ernst werden mit dem Spiel.
(Das Substantiv *Ernst* wird in Verbindung mit dem Hilfsverb *werden* kleingeschrieben.)
c. Morgen Mittag verlassen sie die Stadt wieder.
(Die Tageszeit *Mittag* wird nach dem Zeitadverb *morgen* großgeschrieben.)

Aufgabe 41 Zusammen- und Getrenntschreibung (S. 177)
a. Korrekt: baden gehen
(Die Verbindung zweier Verben wird getrennt geschrieben.)
b. Beide Schreibweisen sind korrekt, da das Adjektiv das Ergebnis der Tätigkeit im Verb ausdrückt: *Sauber* ist das Resultat des *Machens*.
c. Korrekt: einigermaßen
(Es ist ein mehrteiliges Adverb, bei dem die Bedeutung der einzelnen Bestandteile nicht mehr deutlich zu erkennen ist.)

Aufgabe 42 Rechtschreibung/Stolpersteine (Seite 183)
a. Silhouette
b. Emigrant
(Es handelt sich um eine Person, die auswandert: aktive Komponente.)
c. Wir sollten die Übung morgen wiederholen.
(Das Verb enthält die Bedeutung: etwas erneut tun.)

Aufgabe 43 Aufzählung und Satzreihe (Seite 188)

a. Wir haben heute schon viele Terminarbeiten geschafft, aber noch nicht alle.
(Das Komma steht wegen der Aufzählung der Substantive in ihrer Funktion als Akkusativobjekt mit der entgegenstellenden Konjunktion *aber*.)

b. Die anstehenden Terminarbeiten konnten alle heute schon erledigt werden und so werden wir morgen Zeit für andere Tätigkeiten haben.
(In der Satzreihe steht kein Komma, da die Sätze durch die nebenordnende Konjunktion *und* verbunden sind.)

c. Die anstehenden Terminarbeiten konnten alle heute schon erledigt werden, aber das war auch notwendig.
(Das Komma steht zwischen den beiden Hauptsätzen der Satzreihe, da sie durch die entgegenstellende Konjunktion *aber* verbunden sind.)

Aufgabe 44 Satzgefüge (Seite 193)

a. An vielen Orten, an denen schon seit alters Waren getauscht wurden, befinden sich heute Großstädte.
(Das Satzgefüge besteht aus einem Hauptsatz, in den ein Attributsatz eingefügt ist [= Gliedsatz erster Ordnung]).

b. Da man sich immer schon an flachen Stellen der Flüsse traf, um die Furt zu durchqueren, war man auch dort selten allein.
(Das Satzgefüge beginnt mit einem Kausalsatz [= Gliedsatz erster Ordnung], von dem ein Finalsatz abhängt [= Gliedsatz zweiter Ordnung], und endet mit dem Hauptsatz.)

c. Auch Tiere, die die Furt kannten und die zuhauf dorthin zogen, sah man immer wieder zusammen mit den Menschen, die meist Waren trugen, an solchen Stellen, um die Furt zu durchqueren.
(Das Satzgefüge beginnt mit einem Stück des Hauptsatzes, von dem zwei gleichrangige Attributsätze abhängen [= Gliedsätze erster Ordnung]; es folgt ein weiterer Teil des Hauptsatzes, in den ein einzelner

Attributsatz eingefügt ist [= wieder Gliedsatz erster Ordnung]; dann folgt der dritte Teil des Hauptsatzes, von dem ein Finalsatz abhängt [= wieder Gliedsatz erster Ordnung]).
Auch von solchem Satzungetüm ist dringend abzuraten ...

Aufgabe 45 Infinitivgruppen & Co. (Seite 197)

a. Es ist in schnelllebigen Zeiten ein Genuss, sich auf einem gemütlichen Sofa in ein Buch zu vertiefen.
(Das Komma trennt die Infinitivgruppe vom übrigen Satz ab, der durch das hinweisende Wort *es* angekündigt wird.)
b. In eine andere Welt entführt, so kann man den Alltag vergessen.
(Das Komma trennt die Partizipgruppe vom übrigen Satz, der mit dem Wort *so* die Partizipgruppe wieder aufnimmt.)
c. Romane, diese dicken Wälzer, sind gut für lange Winterabende.
(Die beiden Kommas rahmen eine nachgestellte Apposition ein.)

Quellennachweis

Lesen heißt borgen, daraus erfinden, abtragen. (Lichtenberg)

Bürgerliches Gesetzbuch, 62. Auflage, München 2008.

Gottfried Benn: Gesammelte Werke Bd. 1, Gedichte, Wiesbaden 1960.

Duden: Das Synonymwörterbuch, Mannheim, Leipzig, Wien 2007.

Erich Fried: Gesammelte Werke, Gedichte I, hrsg. von V. Kaukoreit und K. Wagenbach, Berlin 1993.

Johann Wolfgang von Goethe: Urfaust, in: Sämtliche Werke nach Epochen seines Schaffens (Münchner Ausgabe), Bd. 1.2, hrsg. von G. Sander, München 1987.

Johann Wolfgang von Goethe: Faust I, in: Sämtliche Werke nach Epochen seines Schaffens (Münchner Ausgabe), Bd. 6.1, hrsg. von V. Lange, München 1986.

Philipp Harsdörffer: Gespräch-Spiele. So bey Ehrn- und Tugendlichen Gesellschaften außzuüben. Dritter Theil, Nürnberg 1643.

Friedrich Hebbel: Werke, hrsg. v. G. Fricke, W. Keller, K. Pörnbacher, Bd. 3, München 1965.

Franz Kafka: Drucke zu seinen Lebzeiten, hrsg. von H.-G. Koch, W. Kittler und G. Neumann, New York/Frankfurt/M. 1994.

Heinrich von Kleist: Sämtliche Werke und Briefe in vier Bänden, hrsg. von I.-M. Barth, K. Müller-Salget, S. Ormanns und H. C. Seeba, Bd. 3, Frankfurt/M. 1999.

Friedrich Gottlieb Klopstock: Über Sprache und Dichtung, in: Fragmente von Klopstock, Hamburg 1779.

Stanisław Jerzy Lec: Sämtliche unfrisierte Gedanken, München 2007.

Georg Christoph Lichtenberg: Sudelbücher I und II, in: Schriften und Briefe I und II, 3. revidierte Auflage, München/Wien 1991.

Helmut Meier: Deutsche Sprachstatistik, Hildesheim 1964.

Christian Morgenstern: Alle Galgenlieder, Frankfurt/M. 1964.

Christian Morgenstern: Galgenlieder, Gesammelte Werke, 4. Auflage, München 1965.

Martin Luther: Sendbrief vom Dolmetschen, in: Ausgewählte Werke, hrsg. von H. H. Borcherdt und G. Merz, München 1958.

Rainer Maria Rilke: Sämtliche Werke, Wiesbaden 1955.

Arthur Schopenhauer: Über Schriftstellerei und Stil, in: Sämtliche Werke Bd. 5

Justus Georg Schottelius: Von der Schriftscheidung oder den Nebenzeichen, in: Ausführliche Arbeiten von der teutschen Haubtsprache (1663), zitiert nach: Alexander Bieling: Das Prinzip der deutschen Interpunktion nebst einer übersichtlichen Darstellung ihrer Geschichte, Berlin 1880.

Ina Seidel: Gedichte. Eine Auswahl, Stuttgart 1949.

Register – wo finde ich was?

A

B

D

P

R

S

Raum für Notizen